Kurt Tepperwein

Das Buch der Erfolgsgesetze
Praxiswissen für Gewinner

Kurt Tepperwein

Das Buch der Erfolgsgesetze

Praxiswissen für Gewinner

Sonderauflage 2016 © by IAW Anstalt, Vaduz
www.iadw.com

ISBN: 978-3-7412-2523-9

Die Deutsche Nationalbibliothek verzeichnet diese Publikation
in der Deutschen Nationalbibliografie; detaillierte bibliografische Daten
sind im Internet über www.dnb.de abrufbar.

Umschlaggestaltung: www.layART.li
Umschlagmotiv: ©fotolia.com/malwa
Illustration: ©fotolia.com/sinaappel

Herstellung und Verlag: BoD – Books on Demand, Norderstedt
Made in Germany

Internationale Akademie der Wissenschaften (IAW) Anstalt, FL-9490 Vaduz
Tel. +423/233 12 12, Fax +423/233 12 14

Inhaltsverzeichnis

Vorwort 9

Einleitung **13**
   Der Sinn des Lebens 17
   Die Identitätsfindung 19

1 Die drei Naturen des Menschen **21**
   Das unbewusste Selbst 22
   Das bewusste Selbst 23
   Das höhere Selbst 24
   Energie und energetische Wahrnehmung 26

2 Bewusstseinskompetenz erlangen **28**
   Emotionale Kompetenz 29
   Intellektuelle Kompetenz 30
   Kommunikative Kompetenz 31
   Spirituelle Kompetenz 32
   Remote Viewing —
   die Technik der Fernwahrnehmung 34
   Übungen zum Training der Bewusstseinskompetenz 36

3 Das Erfolgsgesetz der Schwingung **42**
   Die emotionalen Schwingungen 44
   Die mentalen Schwingungen 45
   Die spirituellen Schwingungen 46
   Übungen zum Gesetz der Schwingung 50

4 Das Erfolgsgesetz von
Ursache und Wirkung **54**
   Ursache und Wirkung auf der
   emotionalen Ebene 55

Ursache und Wirkung auf der mentalen Ebene 58
Ursache und Wirkung auf der spirituellen Ebene 64
Übungen zum Gesetz von Ursache und Wirkung 65

5 Das Erfolgsgesetz der Entsprechung 69
Die emotionale Entsprechung 71
Die mentale Entsprechung 74
Die spirituelle Entsprechung 76
Übungen zum Gesetz der Entsprechung 78

6 Das Erfolgsgesetz der Resonanz 86
Emotionale Resonanz 89
Mentale Resonanz 96
Spirituelle Resonanz 98
Übungen zum Gesetz der Resonanz 101

7 Das Erfolgsgesetz der Harmonie 108
Harmonie auf der emotionalen Ebene 113
Harmonie auf der mentalen Ebene 118
Harmonie auf der spirituellen Ebene 119
Übungen zum Gesetz der Harmonie 122

8 Das Erfolgsgesetz der Polarität 125
Die emotionale Polarisierung 127
Die mentale Polarisierung.. 130
Die spirituelle Polarisierung....................................... 131
Übungen zum Gesetz der Polarität 132

9 Das Erfolgsgesetz des Rhythmus 135
Der emotionale Rhythmus 135
Der mentale Rhythmus 136
Der spirituelle Rhythmus 138
Übungen zum Gesetz des Rhythmus 140

10 Das Erfolgsgesetz des Denkens **143**
   Die Wirkung der Gedanken durch
   Emotionen stärken 146
   Die Wirkung der Gedanken auf mentaler Ebene 148
   Die Wirkung des Denkens auf der spirituellen Ebene 149
   Übungen zum Gesetz des Denkens 150

11 Das Erfolgsgesetz der Imagination **153**
   Visualisieren auf der emotionalen Ebene 159
   Visualisieren auf der mentalen Ebene 164
   Visualisieren auf der spirituellen Ebene 165
   Übungen zum Gesetz der Imagination 166

12 Das Erfolgsgesetz des Glaubens **172**
   Das Gesetz des Glaubens auf der
   emotionalen Ebene 173
   Das Gesetz des Glaubens im mentalen Bereich 174
   Der Glaube an unsere spirituelle Bestimmung 175
   Übungen zum Gesetz des Glaubens 176

13 Das Erfolgsgesetz der Liebe **179**
   Das Gesetz der Liebe auf der emotionalen Ebene 181
   Das Gesetz der Liebe auf der mentalen Ebene... 186
   Das Gesetz der Liebe auf der spirituellen Ebene 187
   Übungen zum Gesetz der Liebe 187

14 Das Erfolgsgesetz des Segnens **191**
   Das Segnen auf der emotionalen Ebene 142
   Das Segnen auf der mentalen Ebene 192
   Das Segnen auf der spirituellen Ebene 193
   Übungen zum Gesetz des Segnens 194

Nachwort 197

Vorwort

Das *Buch der Erfolgsgesetze* vermittelt einen Einblick, wie Sie Ihr intuitives Potenzial entwickeln und erfolgreich im Alltag einsetzen können. Jedem Abschnitt folgen die entsprechenden Übungen. Sie erfahren nicht nur, wie man die geistigen Erfolgsgesetze bewusst anwendet, sondern auch, wie man seine Erfolgsziele wählt und Erfolgsbewusstsein aufbaut. Jeder Abschnitt ist so aufgebaut, dass die richtige Auswahl der Erfolgsziele, der Abbau der Hemmnisse und Blockaden sowie die konkrete Verwirklichung aus einer ganzheitlichen Sicht betrachtet werden. Im Gegensatz zu den sonst üblichen Erfolgsrezepten wird hier auch dem Erfolgsziel ein breiter Raum gewidmet. Denn unser Planet und unsere Gesellschaftssysteme sind ein Spiegelbild von Erfolgen, die besser nicht erzielt worden wären. Kriege, Umweltkatastrophen, verseuchte oder verstrahlte Landstriche, Millionen von hungernden Kindern zeugen von Erfolgen, die sich letztendlich als Misserfolge entpuppten.

Sie lernen, Ihre ganz persönlichen Erfolgsziele ganzheitlich auszurichten und die spirituelle Dimension entsprechend zu berücksichtigen. Dadurch konzentrieren Sie Ihre Erfolgsenergie, die Sie durch eine Vielzahl an Übungen freizusetzen lernen, genau auf die Erfolge, die Ihre Entwicklung unterstützen. Sie erfahren also, wie Sie einen Zugang zu Ihren Lebenszielen finden, die Energien zielgerichtet einsetzen und blockierende Energien in konstruktive und unterstützende Energien umwandeln und einsetzen.

Einen weiteren Schwerpunkt stellen die Techniken dar, die Ihnen den richtigen Umgang mit Ihren mentalen Fähigkeiten vermitteln. Das Erkennen der Erfolgsgesetze und der Umgang mit ihnen ersparen Ihnen die vielen Misserfolge mit »Erfolgen«, die Ihnen und Ihrer Umwelt schaden und letztendlich nur eine Vergeudung Ihrer wertvollen Energien darstellen. Jeder Mensch verfügt über ein reichhaltiges Reservoir an mentalen Energien, wenn er gelernt hat, die Erfolgsgesetze zu erkennen und optimal anzuwenden.

Dadurch öffnen Sie sich einer ganz neuen Dimension des Bewusstseins. Sie werden die vordergründigen Mauern der Kommunikation überwinden und die verborgenen Aspekte der Wirklichkeit, die sich hinter eingespielten Verhaltensmustern befinden, erfahren.

Bei der intuitiven Wahrnehmung lernt man, alle Kommunikationsbarrieren zu durchdringen und auf einer nonverbalen energetischen Ebene direkt Kontakt zu dem jeweils anderen Menschen aufzubauen. Die intuitive Kommunikation umfasst die emotionale, die seelische und die mentale Ebene. Wenn Sie gelernt haben, diese Wahrnehmung entsprechend zu entwickeln, haben Sie schon den wichtigsten Grundpfeiler für Ihre Kommunikationskompetenz geschaffen. Für jede Form des Erfolgs ist es notwendig, anderen mitzuteilen, was Sie wollen. Die Sprache schafft ein Bewusstsein, das signalisiert: Diese Erfolge will ich wirklich erzielen, das ist eine Aufgabe für mich, das hat tatsächlich Vorrang in meinem Leben. Wer diese Energie zu seinen Mitmenschen hinüberbringt, der kann auch mit deren Unterstützung rechnen. Für den Erfolg braucht man immer auch andere, zumindest aber deren Mithilfe oder Wohlwollen, die

Ihnen ermöglichen, Ihre Gedankenkraft kreativ und konstruktiv einzusetzen.

Dadurch können Sie Ihr Schicksal als das begreifen, was es überwiegend ist, nämlich das Resultat Ihrer Gedanken und Gefühle, die Sie in der Vergangenheit hatten und noch haben. Damit haben Sie allerdings auch den Schlüssel in der Hand, dieses Schicksal zu verändern und bewusst zu leben. Sie können Ihr bisheriges Schicksal besser verstehen und Ihr künftiges Schicksal ändern. Damit ist es für Sie möglich, dieses passive Ertragen des Schicksals für Sie persönlich zu beenden. Die Erfolgsgesetze, deren konkrete Anwendung und deren Integration in Ihr Verhaltensrepertoire helfen Ihnen, sinnvollen Erfolg zu einem wesentlichen Bestandteil Ihres Schicksals zu machen.

Einleitung

Unser Leben ist wie die ganze Schöpfung von einer äußeren weltlichen und einer inneren geistigen Ordnung bestimmt. Probleme entstehen, wenn die inneren und äußeren Ordnungen in Widerspruch zueinander stehen. Jeder von uns weiß, wie es ist, wenn sich zwei Wesensarten unserer Persönlichkeit feindlich gegenüberstehen. Beide nehmen für sich in Anspruch zu wissen, was wir unbedingt brauchen, was wir erreichen müssen, damit wir endlich glücklich und zufrieden sind. Plötzlich tauchen Gefühle auf, die man sich selbst gar nicht zugetraut hat. Auch diese Stimmungen werden von unserer Energie genährt. Man hat das Gefühl, nicht in seinem Zentrum zu sein, nicht sein ganzes Potenzial ausschöpfen zu können.

Jeder von uns hat seine eigenen inneren und verinnerlichten Bilder, die ihn prägen. Die Bilder, die wir von außen, oft mit den besten Absichten, aufoktroyiert bekamen und die wir aus vermeintlicher Einsicht oder Nachgiebigkeit akzeptierten, sind die verinnerlichten Bilder. Die vielen Ermahnungen im Kindesalter - Vorsicht, fass das nicht an! Du kannst da hinunterfallen! Du kannst dir da wehtun! - waren gut gemeint, aber nur für die momentane kindliche Entwicklungsphase angebracht und vielleicht sogar für dieses Entwicklungsstadium zu restriktiv. Viele dieser gut gemeinten, von uns verinnerlichten Bilder beschränken uns in unserem Leben später noch, da sie, vom Bewusstsein vergessen, nun im Unterbewussten schlummern. Diese behütenden Bilder, einst wohlmeinend ins Bewusstsein gepflanzt, sind zum

Bumerang geworden. Es sind Bewusstseinsinhalte, die wir durch Bilder des Mutes und der Zuversicht ersetzen sollten.

Aber auch die Bilder, die wir durch unseren Fernsehkonsum verinnerlichen, beeinflussen unser Unterbewusstsein. Bilder und Emotionen werden assoziativ verknüpft und gespeichert. Oft weiß man gar nicht mehr, ob die Werbespots die Filme unterbrechen oder die Programme die Werbespots. Auch in den Filmen selbst dominieren die Werbebotschaften das Geschehen, die benutzten Autos, die Ausstattung, die verwendet wird, und die Kleider, die getragen werden, was und wie gesprochen wird. Das alles sind Botschaften an das Unterbewusstsein.

Diese Bilder dienen nicht primär unserer Bewusstseinsentwicklung, sondern tragen Absichten und Beeinflussungen an uns heran, die dem Beobachter kaum bewusst werden. Die spirituellen Anliegen wie Moral, Ethik, Sinn, Friede, Harmonie sowie das Erkennen der eigenen Lebensaufgabe bleiben hier meistens auf der Strecke. Bilder, die diese Anliegen ins Bewusstsein rücken, werden selten von außen an uns herangetragen. Die menschlichen Grundbedürfnisse setzen eine Umgebung voraus, in der Werte gedeihen.

Die Anwendung der Erfolgsgesetze führt zu einem ethischen Verhalten, das die Würde der anderen Menschen achtet und mit dem eigenen Gewissen im Einklang steht.

Die Geschichte und die Gegenwart kennen zwar Menschen, die sich für erfolgreich hielten, obwohl sie diese Gesetze ignorierten, aber diese Scheinerfolge waren immer nur von kurzer Dauer, und Seelenfrieden wurde damit noch nie erreicht. Im Einklang mit den geistigen Erfolgsgesetzen sind

Erfolge möglich, die nicht nur auf den Augenblick abzielen, sondern die der gesamten Entwicklung der Persönlichkeit dienen. Sie ermöglichen es, glücklich und zufrieden zu leben. Erfolge, die auf Kosten anderer errungen wurden, rächen sich früher oder später. Erfolge, die mit Raffgier, Geld- und Machthunger errungen wurden, führen zu eitlem Bewusstsein, das von dieser Energie beherrscht wird. Alles, was man auslöst, fällt wieder auf den Verursacher zurück.

Es geht daher nicht primär darum, wie wir erfolgreich unsere Ziele erreichen können, koste es, was es wolle, sondern darum, solche Ziele zu verwirklichen, die mit den Erfolgsgesetzen und dem eigenen Lebensziel übereinstimmen. Dauerhaftes Glück ist nur möglich, wenn vollständige Harmonie zwischen der materiellen und der geistigen Ordnung geschaffen wurde.

Durch die einseitige Ausrichtung auf die rein materielle Welt wurde ganz vergessen, dass es die geistige Dimension gibt. Dadurch verkümmern viele Begabungen, die in jedem Menschen angelegt sind. Dies gilt ganz besonders für die Intuition und die intuitive Wahrnehmung.

Die Empathie ist die Fähigkeit, sich in andere Menschen hineinzufühlen und zu spüren, wie es wäre, in ihrer Lage zu sein, sie zu verstehen, ihre Wünsche zu erahnen.

Die Natur, der Mensch, die Wirtschaft, alles durchläuft Zyklen. In Unternehmen gibt es die Entwicklungs- und Produktionszyklen. In der Natur die Jahreszeiten, die Mondzyklen etc. Der Mensch durchlebt verschiedene Entwicklungsstadien, von der Kindheit über das Erwachsenendasein bis zum Greisenalter.

Das ganze Leben ist geprägt von einem ewigen Auf und

Ab: einatmen und ausatmen, wach sein und schlafen, aktiv sein und sich erholen, sich etwas vorstellen und etwas ausführen, lachen und weinen, geben und nehmen, sprechen und zuhören, lieben und geliebt werden, alles unterliegt einem ständigen Wechsel.

Wer im Einklang mit dem rhythmischen Wechsel der Natur sein Leben gestaltet, profitiert davon. Wer diese Zyklen nicht berücksichtigt, zur falschen Zeit sät oder investiert, wird nur wenig oder nichts ernten und nur geringe oder gar keine Erträge erwirtschaften. Alles hat seine bestimmte Zeit, die Zeit der Entwicklung, des Reifens, der Vollendung und der Transformation.

Wenn man die Erfolgsgesetze kennt und sie anwendet, helfen sie einem, das Richtige zum richtigen Zeitpunkt zu tun und so seinen persönlichen Erfolg zu sichern. Sie ermöglichen es, das Bewusstsein jedes einzelnen Menschen zu verändern. Damit wird gleichzeitig das kollektive Bewusstsein weiterentwickelt.

Das Gesetz der Energie besagt: Energie einer bestimmten Qualität bzw. Schwingung führt dazu, dass Energie ähnlicher Qualität bzw. Schwingung angezogen wird. Gedanken und Gefühle haben ihre eigene Schwingungsqualität und ziehen ähnliche Energien an. Mit schöpferischem Visualisieren und mit Affirmationen können wir uns auf jede beliebige Schwingungsebene begeben und damit die Energien mobilisieren, die wir benötigen, um unsere Ziele zu verwirklichen. Der Begriff »Affirmation« kommt aus dem Lateinischen und bedeutet: Bekräftigung, Bejahung, Zustimmung.

Worte und Vorstellungen beschäftigen fast permanent unser Denken. Die innere Gedankenflut nehmen wir meistens gar nicht wahr.

Trotzdem prägen diese Gedanken unsere Gefühle und Wahrnehmungen. Mithilfe von Affirmationen können wir allmählich alte, selbst gewählte Gedankenmuster durch positivere Ideen und Gedanken ersetzen. Diese wirkungsvolle Technik kann innerhalb kurzer Zeit unsere Einstellungen zum Leben von Grund auf verändern.

Affirmationen kann man entweder nur gedanklich durchführen, sie laut aussprechen oder niederschreiben.

Der Sinn des Lebens

»Ich wüsste nichts, was mehr Mut macht als die Tatsache, dass der Mensch die unbestrittene Fähigkeit hat, sein Leben durch bewusstes Streben auf eine höhere Stufe zu heben.«
Henry David Thoreau

Auf die Frage nach dem Sinn des Lebens kann man viele Antworten finden. Da gibt es ein breites Angebot an Identitäten, an Leitbildern, mit denen man sich identifizieren kann. Diese sind allerdings überwiegend von den ökonomischen Interessen der Anbieter geprägt. Die Auto-, die Tourismus-, die Freizeit-, die Mode-, die Bekleidungs- und die Informationsindustrie seien als einige Beispiele ge-

nannt. Noch nie war das Angebot so groß, so reichhaltig und vielfältig. Die Schwierigkeit, die eigene Identität zu erkennen, seine Lebensaufgabe wahrzunehmen, hat aber zugenommen. Es gibt immer mehr potenzielle Verlockungen und Versprechungen, und der Weg zu sich selbst wird in diesem Umfeld nicht einfacher. Die Gefahr, dem eigenen wahren Selbst nicht gerecht zu werden, wird immer größer. Die eigenen Potenziale bleiben verschüttet und unerkannt. In vielen Bereichen unseres modernen Lebens hat die Kommerzialisierung zugenommen, und die Spiritualität wurde zurückgedrängt.

Viele Menschen betrachten das Leben als einen Kampf. Diese Vorstellung setzt voraus, dass es notwendig ist, gegen jemanden zu kämpfen. Doch dem ist nicht so. Das Leben ist vielmehr ein Spiel. Es bietet verschiedene Möglichkeiten zu lernen, zu wachsen, sich zu entwickeln und immer neue Herausforderungen auf höheren Ebenen zu suchen.

Wer das Leben als Spiel betrachtet, der löst sich von den emotionalen und mentalen Verwicklungen und nimmt die Sichtweise seines höheren Selbst, seiner spirituellen Identität an. Aus der Sicht des höheren Selbst ist das Leben ein Spiel mit vielen Möglichkeiten. Ziel ist es, das Bewusstsein weiterzuentwickeln, zu erkennen, dass die geistigen Erfolgsgesetze quasi eine Lernhilfe darstellen, um zu einem umfassenden spirituellen Bewusstsein zu kommen. Weisheit zu erringen ist bedeutsamer, als nur Wissen anzusammeln. Weisheit ist die Voraussetzung, um sich für die spirituellen Dimensionen zu öffnen und das diesbezügliche Verständnis zu erweitern und zu intensivieren.

Die Identitätsfindung

Die Identitätsfindung, der Weg zu sich selbst, muss immer auch unseren Nächsten einbeziehen. Das Bewusstsein unseres Nächsten stellt genauso eine Plattform für die Entwicklung seiner Seele dar, wie dies für uns selber gilt. Jeder Mensch hat ein konkretes Gegenüber, mit dem er sich auseinandersetzen sollte. Es ist wichtig zu lernen, sich in den Nächsten einzufühlen. Aber wer sich selbst erkennen will, muss über sich hinauswachsen und die Ketten sprengen, die seine Entwicklung behindern. Sich selbst weiterzuentwickeln heißt, seine ganze Kraft, seine ganze Konzentration aufzubieten, um herauszufinden, welche Erfolge man wirklich aus ganzem Herzen erzielen will. Hier gilt vor allem: Große Erfolge sind das Ergebnis von vielen schrittweise erzielten kleinen Erfolgen.

Aber viele Menschen sind in ihrem Leben von so vielen Einflüssen aus ihrer Umgebung geprägt worden, dass sie erst lernen müssen, diese Schutzschichten, die sie aufgrund ihres bisherigen Lebensverlaufes aufgebaut haben, wieder abzubauen. Sie müssen aus emotionalen und mentalen Selbstbeschränkungen ausbrechen und sich ihrem spirituellen Selbst gegenüber öffnen. Das erfordert eine meditative Abgrenzung gegenüber dem Alltagsgeschehen. Denn jeder von uns ist durch ein emotionales Umfeld geprägt — am Arbeitsplatz, in seiner Privatsphäre zu Hause und bei seinen Freizeitaktivitäten. Die jeweils vorherrschende emotionale Energie ist bestimmend für die Kraft und die strukturelle Qualität des Verhaltens. Der spirituelle Bereich hingegen

ist verantwortlich für die langfristige Entwicklung: Das betrifft die Sinnfragen grundsätzlicher Natur, die über das Hier und Jetzt und über den Einzelnen hinausreichen. Sich für diesen spirituellen Bereich zu öffnen, setzt voraus, dass man auf der emotionalen und mentalen Ebene bereit ist, sich mit seinen Ängsten auseinanderzusetzen Die spirituelle Dimension erfordert mehr Bewusstheit, mehr Achtsamkeit und mehr Respekt vor dem, was einem auf dieser Ebene begegnet.

1
Die drei Naturen des Menschen

Der physische Körper, die Emotionen sowie das Denken bilden die drei Ebenen, auf denen sich das Menschsein abspielt. Diese drei Ebenen entsprechen den drei Bewusstseinsebenen: unbewusstes Selbst, bewusstes Selbst und höheres Selbst. Für jeden Menschen ist es eine Herausforderung, diese drei Ebenen des Seins zu verstehen und aktiv in sein Leben zu integrieren. Nur Menschen, denen es gelingt, ein Verständnis für diese Bewusstseinsebenen zu entwickeln, sind in der Lage, wirklich über ihr Schicksal selbst zu bestimmen.

Die meisten Menschen in der westlichen Welt haben sich, bedingt durch das Bildungssystem, überwiegend damit beschäftigt, wie sie ihr verstandesmäßiges, rationales Bewusstsein erweitern und verbessern können. Mit dem Unbewussten beschäftigen sich die Menschen meist erst dann, wenn in ihrem Leben etwas schiefgeht, wenn sie die Arbeit oder einen geliebten Menschen verlieren, wenn eine Partnerschaft in die Brüche geht, wenn sie krank werden, einen Unfall haben oder sonst irgendwie durch Schicksalsschläge gebeutelt werden.

In Situationen, in denen unser bewusstes Selbst nicht mehr klar dominiert und über keine überzeugenden Antworten verfügt, haben sowohl das unbewusste Selbst als auch das höhere Selbst eine Chance, gehört zu werden. Im unbewussten Selbst schlummern Bewusstseinsinhalte, die wir beiseitegeschoben

haben, die wir aus unserem Bewusstsein eliminieren wollten. Aber diese Problembereiche sind nicht ausgelöscht, sondern sie sind nur der Wahrnehmung durch das Bewusstsein entzogen Für diese Verdrängungsarbeit verbrauchen wir kostbare Energie. Oft ist es doch so, dass das höhere Selbst darauf wartet, sich Gehör zu verschaffen. Solche Krisensituationen werden vom Ego oder bewussten Selbst meist stark dramatisiert, aber am Ende gibt es, objektiv betrachtet, meist eine bedeutsame Bewusstseinserweiterung auf der Ebene des höheren Selbst oder des unbewussten Selbst.

Das unbewusste Selbst

Das unbewusste Selbst speichert nicht nur Bewusstseinsinhalte, die man vom Bewusstseinszentrum verbannen möchte, sondern auch Vorgänge, die instinktiv ablaufen sollen. Es ist sozusagen das Notprogramm für Situationen, in denen rasch gehandelt werden muss. Das unbewusste Selbst ist die Infrastruktur in unserem Bewusstsein und ermöglicht es, prompt zu reagieren. Schnell und intuitiv richtig zu handeln kann bei plötzlich auftretenden Gefahren- und Krisensituationen zum entscheidenden Überlebensvorteil werden. Das unbewusste Selbst verfügt über ein instinktives Verhaltensrepertoire, ist aber auch für Einflüsse des höheren Selbst offen. Doch auch die Erziehung hinterlässt deutliche Spuren. Kinder, die instinktiv eigenständig handeln, überfordern sehr oft die Eltern. Deren Angst, die Oberhand

und die Autorität zu verlieren, führt in vielen Fällen zu einem präventiv verbietenden Verhalten. Kinder lernen so, den eigenen instinktiven Impulsen des unbewussten Selbst nicht zu trauen. Auf die Stimmen des unbewussten und des höheren Selbst zu hören und zu vertrauen müssen sie als Erwachsene erst wieder lernen.

Das bewusste Selbst

Das bewusste Selbst spielt die Rolle des Vermittlers zwischen dem unbewussten und dem höheren Selbst. Es ist die analysierende Zentrale, die alles beobachtet und bewertet. Das bewusste Selbst ist für die rationale Seite der Entscheidungen verantwortlich, während das unbewusste Selbst den emotionalen Beitrag liefert. Bei der Partnerwahl, bei der Wahl des Autos, der Kleidung, der Wohnung sowie des Berufs: Immer spielen die Emotionen neben dem Intellekt die entscheidende Rolle.

Herrscht auf der Ebene des bewussten Selbst ein Misstrauen gegenüber den Emotionen und spirituellen Eingebungen, so kommt es zu einer auf Sicherheit bedachten, sehr beengten Persönlichkeitsentwicklung. Der Intellekt ist besonders befähigt zum Analysieren, Vergleichen und Abwägen von Pro und Kontra, aber Entscheidungen treffen kann er nicht. Allerdings eignet er sich sehr gut dazu, Entscheidungen zu rechtfertigen. Bei allen Entscheidun-

gen hängt die Intensität der Motivation sehr stark davon ab, wie viel emotionale Energie für ein bestimmtes Vorhaben mobilisiert werden kann.

Das höhere Selbst

Das höhere Selbst stellt den spirituellen Aspekt der menschlichen Natur dar. Es hat dadurch auch ein ganz anderes Wahrnehmungsspektrum. Es repräsentiert die spirituellen Bewusstseinsebenen, kann die Gesamtzusammenhänge am besten überblicken und von Raum und Zeit unabhängig intuitiv wahrnehmen. Diese Bewusstseinsebene ermöglicht es, sich in andere Menschen einzufühlen, in andere Situationen hineinzudenken und das Geschehen auf der energetischen Ebene umfassend wahrzunehmen. Das höhere Selbst ist die Instanz, die in der Lage ist, die emotionale Großwetterlage intuitiv zu erfassen.

Auf der energetischen Ebene können Gedanken von einem Menschen zu einem anderen übertragen werden, sogar über Kontinente hinweg. Es fehlt zwar weder an wissenschaftlich fundierten noch an praktischen Erkenntnissen zu dieser Gegebenheit, dennoch ist eine wissenschaftliche Erklärung noch nicht hinreichend abgeschlossen. Auch Aids und Krebs sind von ihrer Entstehung her noch nicht restlos geklärt, aber es gibt keinen Zweifel an der Existenz dieser Krankheiten. So ist auch die intuitive Wahrnehmung bewiesen, aber es ist noch nicht restlos geklärt, wie sie im Detail funktioniert. Wichtig

ist nur, herauszufinden, wann eine Wahrnehmung intuitiv ist und wann es sich um eine rein fiktive Vorstellung handelt.

Viele Menschen müssen erst einmal wieder lernen, sich diesen Energien, die für den persönlichen Erfolg so wichtig sind, zu öffnen. Das durch industrielle Fertigung und technische Erfolge geprägte Zeitalter hat dazu geführt, Fähigkeiten, die für das menschliche Zusammenleben und den gesellschaftlichen Erfolg wichtig sind, immer weniger zu beachten und manchmal sogar herablassend zu bewerten. Aber wie sagt doch ein Sprichwort: Der Mensch denkt und Gott lenkt.

Das höhere Selbst ist eine wichtige Stütze, wenn es darum geht, festzustellen, welche Betätigungsfelder für einen Menschen besonders geeignet sind und wo er leichter als anderswo Erfolge erzielen kann. Außerdem bietet es auch immer innere Führung an, wenn man es darum bittet.

Talente und Begabungen helfen wenig, wenn die persönliche Motivation, sie zu nutzen, fehlt. Um Talente und Begabungen zu aktivieren und zu entfalten, benötigt man Motivation. Die intellektuelle Fähigkeit, etwas zu verwirklichen, ist zwar auch notwendig, aber entscheidend ist die Energie, die zu konkreten Handlungen und Ergebnissen führt. Erfolg will man oder will man nicht. Der unerschütterliche Glaube an sich selbst ist gleichfalls ein wesentlicher Bestandteil des Erfolges. Die persönliche, von innen kommende Motivation ist der äußeren Motivation zwar vorzuziehen, aber es kommt vor allem auf die Intensität der motivierenden Energie an. Die Motivation, die von innen kommt, stützt sich indirekt auf die Einmaligkeit unseres

Entwurfes. Jeder Mensch ist einmalig und hat gute Ideen, und diese zu entfalten ist unsere Lebensaufgabe.

Die Einflüsse der Eltern und der Umgebung sind zwar gegeben, aber das Individuelle und das Besondere jedes Menschen sind schon vorher da. Dieses Potenzial kann verfälscht oder verleugnet werden, aber es bleibt in seiner ursprünglichen Qualität immer latent erhalten.

Energie und energetische Wahrnehmung

Wir alle haben Energie, manchmal mehr, manchmal weniger. Es ist die Energie, die uns treibt, die unser körperliches Wohlgefühl prägt. Ein Mensch mit Tatkraft wird als Energiebündel bezeichnet. Er hat die Energie, alle seine Vorstellungen zu verwirklichen. Es ist seine Energie, die sich auch auf seine Mitarbeiter überträgt.

Das Wort *Energie* kommt aus dem Griechischen und heißt so viel wie »wirkende Kraft«, »Spannkraft«, »Tatkraft«. Im chinesischen Kulturkreis bezeichnet *Chi* die Energie, die man im Körper bewegen, konzentrieren und auf ein Ziel richten kann. Tai Chi, Kung Fu und Qi-Gong sind körperorientierte Disziplinen, die darauf ausgerichtet sind, diese Energie zu kontrollieren und sie gezielt einzusetzen. In der klassischen Physik wird Energie als Kraft mal Weg definiert. Ein wesentliches Gesetz der klassischen Physik besagt, dass Energie nur umgewandelt, aber nicht vernichtet oder geschaffen werden kann. Dies gilt auch für

die Energie im psychischen Sinn, man kann sie aufstauen oder zum Fließen bringen, lenken und auf bestimmte Bereiche konzentrieren. Richtig gebündelt und in der richtigen Qualität, kann psychische Energie Bewusstseinstore öffnen, heilend wirken und Blockaden auflösen. Entscheidend ist in jedem Fall, dass man lernt, bewusst mit dem vorhandenen Energiepotenzial umzugehen, damit genau die Ergebnisse erzielt werden, die man auch wirklich erreichen will.

2
Bewusstseinskompetenz erlangen

Aus der Sicht des höheren Selbst hat die spirituelle Weiterentwicklung Vorrang vor einer ausschließlich intellektuell orientierten. Das Zentrum der Bewusstseinskompetenz ist der Ort, von dem aus umfassend beobachtet und beurteilt werden kann. Für jede Situation, auch wenn sie noch so aussichtslos erscheint, gibt es mindestens eine positive Lösung, oft sogar mehrere.

Erfolg aus spiritueller Sicht ist es, nie aufzugeben und immer ein noch besseres Ergebnis zu erzielen. Eine bessere Lösung heißt dabei aber nicht — wie oft in der Wirtschaft und der Kriegführung —, mit mehr Brutalität und Aggression ein Ziel zu erreichen, sondern ein Problem aus ganzheitlicher Sicht zu lösen. Lernziel und Lernerfolge werden durch Einsicht erreicht. Manipulation, Zwang, Erpressung, wenn auch noch so verschleiert, werden hier ausgeschlossen.

Denn das geistige Gesetz der Resonanz besagt: Was wir säen, werden wir ernten. Die energetische Ebene, die wir benützen, um erfolgreich zu sein, wirkt auch auf uns zurück.

Also schlägt auch von uns angewendete Gewalt auf uns selbst zurück. Positiver Erfolg, der über Einsicht erzielt wird, wird immer wieder weitere Wellen der Einsicht erzeugen.

Emotionale Kompetenz

Bei der emotionalen Kompetenz kommt es vor allem darauf an, die eigenen Gefühle und die assoziativen Verknüpfungen dieser Gefühle mit den verinnerlichten Bildern aufzuspüren.

Das Erringen von emotionaler Kompetenz beginnt damit, eine sensible Beobachtungsgabe zu entwickeln, um zu erkennen, welche Gefühle in welchen Lebenssituationen an die Oberfläche kommen. Für viele Menschen ist das etwas sehr Ungewohntes, denn sie haben systematisch gelernt, Gefühle nicht zu zeigen, sie vor anderen und schließlich auch vor sich selbst zu verleugnen. Das Perfektionieren dieses Verhaltens führt dann sehr oft dazu, dass diese Menschen ihre Gefühle gar nicht mehr erkennen.

Sie bauen eine energetische Struktur um sich herum auf, die sie vor der Wahrnehmung ihrer Emotionen schützt; so können sie hart zu sich und zu anderen sein. Sie können damit vielleicht ihre Vorstellungen durchsetzen, aber der Preis dafür ist hoch.

Sie isolieren einen Teil ihrer Persönlichkeit, und Gefühle werden als Behinderung empfunden. Sehr früh in ihrer Kindheit haben sie dieses Verhalten erlernt.

Das Kindesalter ist geprägt von vielen Situationen, in denen man sich ohnmächtig und abhängig fühlt: wenn die Eltern nicht ganz für einen da sind, wenn man sich einsam fühlt, weil man die dringend benötigte Aufmerksamkeit nicht bekommt, wenn man sich vernachlässigt und unverstanden fühlt etc.

Intellektuelle Kompetenz

Die intellektuelle Fähigkeit ist in erster Linie dazu da, Situationen zu analysieren und Vergleiche mit ähnlichen Umständen und Gegebenheiten anzustellen. Der Intellekt braucht genauso regelmäßige Übung und Praxis im Alltagsgeschehen, wie unser Körper eine gesunde Ernährung und ein Mindestmaß an Bewegung benötigt, um fit zu bleiben. Bei aller Wertschätzung des Intellekts ist es jedoch auch notwendig, dessen Grenzen zu kennen. Man befindet sich beispielsweise auf dem Holzweg, wenn man erwartet, mit wissenschaftlichen Methoden herausfinden zu können, welche Lebensaufgabe man hat, oder welche Beziehung man eingehen soll. Auch ist es kontraproduktiv, die intellektuellen Fähigkeiten dazu zu verwenden, für alle Fehlschläge und Schwierigkeiten des Lebens Rechtfertigungen zu entwickeln, nur um sich selbst zu suggerieren, dass man immer alles richtig gemacht hat.

Wer nach diesem Schema handelt, sieht sich in vielen Situationen des Lebens immer als Opfer der Umstände, also schuldlos.

In Wirklichkeit gibt es nur selten Situationen, in denen man tatsächlich ausschließlich Opfer ist. Meistens sind die Persönlichkeitsstrukturen von Opfern und Tätern auf einer unbewussten Ebene in komplexer Art und Weise miteinander verbunden.

Negative Verhaltensweisen des einen können durch entsprechend negative Erwartungshaltungen des anderen noch verstärkt werden.

Kommunikative Kompetenz

Die kommunikative Kompetenz basiert auf zwei Säulen: auf der Sprache mit ihrem verbalen Ausdruck und auf der Körpersprache. Beide spiegeln die emotionalen Einstellungen einer Person wider. Den meisten Menschen ist dieser Umstand gar nicht bewusst. Sie sind so sehr mit sich selbst beschäftigt, mit dem, was sie belastet, dass ihnen die Aufmerksamkeit dafür fehlt. Aber das Gesetz der Resonanz ist immer wirksam, und es besagt: Man tritt immer mit den Schwingungen bzw. Energien in Resonanz, die eine sehr ähnliche oder die gleiche Qualität aufweisen, wie man sie selbst ausstrahlt. Man kann also spüren, ob eine Person überwiegend negativen, das Gemüt dämpfenden Emotionen nachhängt; man kann es an der Körpersprache und am verbalen Ausdruck erkennen. Diese Einsicht ist sehr hilfreich für die Selbsterkenntnis. Man lernt, seine Körperhaltung und die Art des Sprechens zu beobachten, und kann dann negative oder resignative Verhaltensmuster rasch erkennen und sofort gegensteuern.

Der erste Schritt auf dem Weg der Sprachkompetenz besteht darin, negative Sprach- und Denkgewohnheiten zu erkennen und sich diese Schwäche bewusst zu machen. Die negativen Sprech- und Denkgewohnheiten lassen sich auf entsprechende innere Bilder zurückführen. Aber auch umgekehrt gilt: Jede negative Sprach- und Denkgewohnheit führt zu negativen inneren Bildern. Negative innere Bilder sollten so rasch wie möglich aufgespürt werden. Das funktioniert in der Regel sehr gut, wenn sich das Bewusstsein einmal darauf eingestellt hat. Schwieriger wird es, wenn die negativen inneren Bilder

so belastend sind, dass sie ins Unbewusste abgeschoben wurden. In diesen eher seltenen Fällen braucht man eine größere Ausdauer, um die negative Wirkung der Bilder erfolgreich zu transformieren.

Spirituelle Kompetenz

Das Wesen der spirituellen Kompetenz besteht darin, den Bestrebungen des höheren Selbst in allen Aspekten des Lebens zum Durchbruch zu verhelfen. Die Seele jedes Menschen ist stets bemüht, eine positive Einstellung zu allen Herausforderungen zu finden.

Das Wort »unmöglich« existiert für das höhere Selbst nicht. Es kennt nur Herausforderungen, zu denen man immer neue Lösungsansätze findet. Der Weg der spirituellen Bewusstseinskompetenz führt immer zu einer zufriedenstellenden Lösung. Der Seelenaspekt jedes Menschen besitzt ein intuitives Grundverständnis für die geistigen Erfolgsgesetze. Und das geistige Gesetz der Resonanz besagt: Es existiert immer eine Schwingungsebene, auf der man eine entsprechende Möglichkeit findet, um die Herausforderung, der man begegnet, meistern zu können.

Wer mit der Einstellung: »Das geht nicht, das kann ja nur schiefgehen, das ist ganz unmöglich« durchs Leben geht, der befindet sich auf einer emotionalen Ebene, die

beschränkend und einengend auf ihn wirkt. Diese Schwingungsebene erzeugt Wut. Wut aber erzeugt wieder Wut, Aggression erzeugt wieder Aggression, Frust erzeugt wieder Frust, Ablehnung erzeugt wieder Ablehnung, und davon wird ein Mensch mit einer solchen Einstellung dominiert.

Eine negative Erwartungshaltung produziert negative Einstellungen. Der Verstand ist ein verlässlicher Partner, der für jede Situation ein überzeugendes Argument findet, warum das, was man gerade gemacht hat, richtig war. Er liefert Rechtfertigungen für den Status quo.

Es ist wichtig, einen ausgezeichneten und geschärften Verstand zu besitzen, aber wenn etwas geändert werden muss, sollte nicht der Verstand um Rat gefragt werden, sondern das höhere Selbst. Es ist die kreative Instanz in jedem Menschen, die in der Lage ist, Gesamtzusammenhänge zu erfassen und visionäre Perspektiven zu entwickeln.

Die emotionale Ebene liefert die Kraft für eine Veränderung. Der Verstand überwacht die sinnvolle und exakte Ausführung. Aber nur das höhere Selbst ist eine Perspektiven schaffende, schöpferische, gestaltende, intuitive Kraft, die Gesamtzusammenhänge erkennt.

Wer sich im Meer der Emotionen treiben lässt, ist darin gefangen und verliert sehr schnell den Kontakt zu seinem höheren Selbst. Das Prinzip der Bewusstseinskompetenz lässt die Einwendungen und kritischen Anmerkungen des Verstandes zu, stellt aber gleichzeitig sicher, dass die zu beurteilende Situation von einer adäquaten Bewusstseinslage aus betrachtet und bewertet wird.

Remote Viewing —die Technik der Fernwahrnehmung

Zur Übertragung von Informationen über beliebige Distanzen eignen sich vordergründig natürlich die elektronischen Medien wie Telefon, Radio und Fernsehen. Aber hier ist man immer von der Reichweite und Verfügbarkeit der elektronischen Geräte abhängig. Die individuelle Auswahl ist begrenzt, und das, was man wahrnehmen möchte, ist ja auch nicht immer für die Öffentlichkeit geeignet. Wer hingegen auf dem Weg über das kollektive Unbewusste etwas erfahren will, kann mit der Technik der Fernwahrnehmung gezielt erfahren, was ihn interessiert. Für die telepathische Kommunikation zwischen zwei Menschen eignet sich nichts besser als das Unterbewusstsein dieser beiden.

Bei der Heilung von Krankheiten wurde die intuitive Wahrnehmungsfähigkeit von Heilern ja schon immer eingesetzt. Zur Zeit des Kalten Krieges waren sowohl die CIA als auch der KGB daran interessiert, Fernwahrnehmung zur Informationsbeschaffung einzusetzen. Nachdem man sich durchgerungen hatte, die bestehende Skepsis abzubauen, floss auch sehr viel Geld in die Erforschung der Bedingungen, unter denen diese Fernwahrnehmung am besten funktioniert.

Wir wollen aber in diesem Kontext weder CIA noch Heiler spielen, denn dazu müsste man die auf diesem Wege erhaltenen Informationen auch entsprechend professionell für Entscheidungen verwerten. Hier geht es nur darum, die Existenz dieser Fähigkeit zu akzeptieren. Damit wird im Bewusstsein eine Basis geschaffen, um diese Fähigkeit zu aktivieren.

Die Fernwahrnehmung kann sich prinzipiell auf entfernte Gegenstände, Räume, Einrichtungen oder auf Personen bzw. kollektive Bewusstseinsinhalte beziehen. Die Schwierigkeit bei der Fernwahrnehmung liegt vor allem darin, unterscheiden zu lernen, was einer projizierten und was einer tatsächlichen Wirklichkeit entspricht. Der Begriff »projizierte Wirklichkeit« bedeutet nichts anderes, als dass jemand genau das wahrnimmt, was er erwartet.

Wenn Menschen Schwierigkeit damit haben, sich ganz bewusst auf andere Menschen, Ereignisse oder Situationen einzustellen, so liegt das daran, dass sie diese energetisch nicht erreichen und damit in ihrem eigenen Wahrnehmungsbereich bleiben. Erst durch Mitgefühl und Empathie entsteht eine Verbindung zum anderen. Erst wenn wir uns ganz bewusst darauf einstellen, wie es wohl wäre, an der Stelle eines anderen zu sein, beginnen wir, energetisch etwas vom anderen wahrzunehmen. Wer dagegen ganz in sich verharrt, nimmt nur seine eigene Energie wahr. Er erfährt so etwas über sich selbst, aber hält es für eine Information, die von einem anderen kommt.

Dieser Konflikt stellt eine Herausforderung für jeden Einzelnen dar, und jeder Einzelne lernt dabei, seine Defizite zu erkennen und Schwächen in Stärken umzuwandeln. Alle Herausforderungen, die uns begegnen, haben eines gemeinsam: Sie wollen, dass wir uns vervollkommnen und lernen, aus einer ganzheitlichen Sicht zu agieren.

Übungen zum Training der Bewusstseinskompetenz

Wir vernachlässigen unsere innere Bilderwelt, können uns immer weniger in der immer hektischeren Zeit entspannen und finden immer weniger Zugang zu unseren inneren Führern. Damit gehen uns Fähigkeiten verloren, die wir gerade dann bitter nötig haben, wenn eine schwierige Aufgabe zu lösen ist. Ganz gleich, ob es eine emotionale Schlechtwetterlage zu Hause oder am Arbeitsplatz ist, eine dringend zu lösende Aufgabe oder einfach nur eine schwierige Herausforderung:

Wenn wir die jeweilige Situation aus unserem Zentrum der Bewusstseinskompetenz betrachten, gewinnen wir neue Einsichten und Lösungsansätze. Aber wie kommen wir in dieses Zentrum? Wie lernen wir, dieses Zentrum zu nützen, um komplexe Probleme zu lösen? Mit diesen Fragen wollen wir uns nun beschäftigen.

Der Weg zur *Bewusstseinskompetenz*

Die Reise in andere Bewusstseinsebenen fängt man am besten mit einer kurzen Meditation an, die den Körper entspannt und den Geist beruhigt. Damit schafft man Raum für Bewusstsein, das den drängenden Themen, die das Gemüt belasten, neutral gegenübersteht. Beginnen Sie Ihre Meditation, indem Sie sich selbst die folgenden Anweisungen geben (Sie können sie auch auf Band aufnehmen und zur Einstimmung abspielen):

»Ich schließe die Augen und spüre, wie sich im ganzen Körper eine wohlige Wärme auszubreiten beginnt. Die wohlige Wärme dringt in alle Zellen des Körpers, erfasst den gesamten Unterleib, breitet sich bis zu den Zehen, den Händen und den Fingern aus. Die Entspannung ist in allen Bereichen und Zellen des Körpers zu spüren und wird immer tiefer und tiefer. Die Gedanken beruhigen sich. Ich beobachte die Gedanken, wie sie kommen und gehen. Ich beobachte sie aus immer größerer Entfernung: Mit zunehmender Entfernung nimmt auch ihre Kraft immer mehr ab.

Ich begebe mich nun in das Zentrum meiner inneren Wahrnehmung, indem ich mein Bewusstsein nach innen fokussiere. Hier beginne ich, meine Wahrnehmung zu aktivieren, und hierher kehre ich nach meiner Reise in andere Bewusstseinsgefilde wieder zurück. Ich verbinde mich mit meinem inneren Führer, das ist jener Teil meines höheren Selbst, der sich um meine Entwicklung in den verschiedenen Bereichen kümmert. Ihn bitte ich nun um Rat und Unterstützung. Ich kann in diesem inneren Wahrnehmungszentrum auch Energien beobachten und ihre energetischen Informationen intuitiv lesen. Ich entscheide mich nun dafür, einen meiner inneren Führer zu konsultieren. Dazu stelle ich mir vor, wie ich mich vor einen imaginären Bildschirm setze und mich auf diese Begegnung einstelle.

Ich konzentriere mich auf das Problem, zu dem ich mir einen Rat wünsche. Ich mache mir das Problem mit allen seinen Facetten und Nuancen voll und ganz bewusst. Bei der Begegnung mit dem inneren Führer werde ich neue Einsichten und Betrachtungsweisen zu diesem Problem erhalten.

Ich weiß, die Sichtweise meines inneren Führers unterstützt mich dabei, ein umfassendes Bewusstsein zu erlangen. Ich gehe dabei Schritt für Schritt vor, alles läuft wie in einem kurzen Videoclip ab, der alle wichtigen Informationen dieses Themas abhandelt.

Ich konzentriere mich nun darauf, den für dieses Thema geeigneten inneren Führer zu finden. Ich stimme mich auf das Problem und die entsprechende Schwingung ein.

Jetzt drücke ich quasi symbolisch auf den Programmwählknopf und beobachte das Erscheinen meines inneren Führers. Ich spüre die Energie, die er ausstrahlt, und lasse sie auf mich einwirken.

Ich spüre, wie sich diese Begegnung auf mein Energiesystem auswirkt. Blockaden können bereits anfangen, sich zu lockern, ich spüre Nähe und Vertrautheit. Ich spüre seine Ausstrahlung, und eine Energiequalität durchströmt mich, nach der ich mich schon lange gesehnt habe.

Ich bin ganz offen für diese Energie und spüre, wie sich mein ganzes Energiesystem entspannt und lockert. Die bildliche innere Wahrnehmung unterstützt mein Bewusstsein dabei, alles aufzunehmen und bewusst zu machen. Der energetische Informationsaustausch spielt sich auf einer breiten und komplexen Ebene ab, intensiv und umfassend.«

Nun erscheint *der* innere Führer auf dem Bildschirm, und jetzt können Sie Ihre Frage stellen. Sprechen Sie mit ihm aber auch tatsächlich über all das, was Sie sich vorgenommen haben. Wenn Sie dann erfahren haben, worauf es Ihnen ankommt, bedanken Sie sich bei ihm für das Gespräch und den Informationsaustausch.

*Mit Affirmationen
die Bewusstseinskompetenz steigern*

»Ich kann mich immer und überall in das Zentrum meiner Bewusstseinskompetenz begeben.«

»Ich kann mich immer und überall bewusst auf die Ebene begeben, auf der ich meine Fähigkeit der bewussten Wahrnehmung einsetze.«

»Ich nehme mir vor, mich immer und überall klar und bildhaft auszudrücken. Dabei lege ich großen Wert darauf, die Sprache bewusst einzusetzen. Ich spreche gezielt und klar. Damit begebe ich mich sprachlich auf die Realisierungsebene.«

»Alles, was ich sage, was ich denke, was ich anderen mitteilen kann, bedarf einer klaren Ausdrucksweise, die bewusst, offen und zielführend ist. Dem Wort folgt die Tat. Mit der Sprache drücken wir uns aus, teilen wir uns mit. Mit dem, was wir sagen, helfen wir den anderen, sich ihr Bild von uns zu vervollständigen.«

»Tritt eine Schwierigkeit auf, so verbinde ich mich mit der Energiequalität, die am besten geeignet ist, um eine Lösung herbeizuführen. Diese Lösung wird die optimale Lösung sein«

»Ich weiß, dass es immer eine Lösung gibt.«

»Alle Aufgaben, die auf mich zukommen, bieten mir die Chance, sie zu lösen.«

»Schwierigkeiten sind Aufgaben, und Aufgaben sind Wachstumschancen.«

Wie Sie Ihre Ziele erreichen

Sagen Sie sich selbst: »Zuerst kommt es darauf an, eine unerschütterlich positive Grundhaltung zu entwickeln und diese Energie wirklich auf allen Ebenen zu festigen. Damit habe ich die Möglichkeit, mein ganzes Wissen, mein ganzes Können und alle meine Fähigkeiten zu mobilisieren, um mich auf eine neue Situation einzustellen. Frei entscheiden kann nur der, der in der Lage ist, auf gegebene Ausgangspositionen mit verschiedenen Verhaltensweisen zu reagieren.«

»Alles, was ich mir vornehme, führe ich zum frühestmöglichen Zeitpunkt durch. Ich schiebe nichts auf, denn das verbraucht nur unnötig Energie, die mir dann für andere wichtige Dinge fehlt.«

»Ich konzentriere mich immer auf das Wichtigste. Nur ich bin mir Rechenschaft schuldig, wofür ich meine Energie einsetze. Ich liebe und schätze mich. Ich bewirke Positives, und dafür verdiene ich es, von mir geachtet und gewürdigt zu werden.«

»Menschen, die mich ständig für ihre Interessen einsetzen wollen, die sich mit meinen nicht decken, sage ich klar, welche Prioritäten ich habe. Denn ich bin nur für mich und die mir Anvertrauten verantwortlich sowie dafür, dass ich meine Lebensziele verwirkliche. Folgendes wird aus meinem Leben sofort verbannt: All die Dinge, die ich gemacht habe, um anderen zu gefallen, die aber nicht meinem wahren Selbst

entsprechen. Damit schaffe ich die Basis für erfolgreiches bewusstes Sein. Denn die emotionalen Grundstimmungen in unserem Unterbewusstsein sorgen dafür, dass Aktivitäten dementsprechend gedeihen können.«

3
Das Erfolgsgesetz der Schwingung

Das Gesetz der Schwingung besagt, dass man sich auf Gegebenheiten, die man erreichen will, einstellen oder, besser gesagt, einschwingen kann. Es gibt für alle Bereiche des Erfolgs wie auch des Misserfolgs bestimmte Schwingungsebenen. So wie sich Menschen mit gleicher Wellenlänge angezogen fühlen, so verhält es sich auch mit Gegebenheiten im Wirtschafts- und Berufsleben, in der Politik und im Privatleben.

In der Politik kann man beispielsweise beobachten, dass auch noch so korrupte Handlungen von Staatschefs nur selten ein Diskussionsthema darstellen. Auf dieser Ebene gibt es keine Moral, sondern nur die formale Anerkennung und Wertschätzung für ein Amt, egal, welche Person mit welchem Charakter dieses Amt innehat. Wer längere Zeit in solchen Ämtern tätig ist, entwickelt auch eine bestimmte Dickhäutigkeit, das heißt, diese Menschen lernen, sich gegen bestimmte Arten von Schwingung, die ihre Tätigkeit mit sich bringt, abzuschirmen.

Die Folge ist, dass dieses Abschirmen immer mehr zu einer Wahrnehmungsverengung und damit zu einer Isolation auf emotionaler Ebene führt. Es entsteht dann ein Klima der Verständnislosigkeit gegenüber Problemen. Wenn Menschen die Wirkung dieser Gesetze nicht kennen, sind sie meist irritiert und staunen über solche Entwicklungen. Man erlebt

dann Situationen, in denen man einfach nicht glauben kann, dass es hier kein emotionales Verständnis für diese Probleme gibt.

Versucht man schließlich in der Öffentlichkeit verstärkt darauf zu drängen, bestimmte Probleme zu lösen, wird zwar viel darüber diskutiert, aber es passiert letztlich nichts. Die einen meinen, sie müssten versuchen, diese Probleme deutlicher zu machen, aber bei denen, die sich gegen die emotionale Wahrnehmung gerade dieser Probleme verschlossen haben, führt dies nur zu einem noch stärkeren Abschirmen gegen diese Wahrnehmung.

Wer glaubt, sich immer nur gegen seinen Partner durchsetzen zu müssen, dem wird es ähnlich ergehen. Je mehr er sich durchsetzt, umso weniger wird Harmonie möglich. Sosehr man sich dann auch bemüht, sich durchzusetzen, um sich bestätigt zu fühlen, umso weniger wird man akzeptiert. Wird man aber zu wenig akzeptiert, so erhöht sich dadurch das Bedürfnis, sich durchzusetzen, um sich anerkannt zu fühlen — Teufelskreis könnte man annehmen. Dem ist aber nicht so, denn wir müssen einfach lernen, bei der Schwingungsebene anzusetzen, auf der wir dem anderen begegnen wollen.

Die emotionalen Schwingungen

Auf der emotionalen Ebene bedeutet das Gesetz der Schwingung, dass wir genau die Emotionen ernten, die wir säen. Wenn jemand seinen Mitmenschen ständig mürrisch und misstrauisch begegnet, wird genau dieses Gefühl bei den anderen angesprochen, und bei ihnen werden ähnliche Gefühle aktiviert. Die Gefühlsebene der anderen bleibt zwar prinzipiell die gleiche, doch deren Gefühle sind auch abhängig von den persönlichen Erfahrungen. Die inneren Bilder, die sich auf dieser emotionalen Ebene befinden, werden dadurch aktiviert. Sind diese Erfahrungen sehr ähnlich, kommt es zu einem Gefühl des gegenseitigen Verstehens. Der Ton macht die Musik. Dieses Sprichwort trifft genau diesen Aspekt des Gesetzes der Schwingungen auf der emotionalen Ebene. Wie man in den Wald hineinruft, so schallt es heraus.

Wer diesen Zusammenhang erkennt, weiß auch, wie man ihn verändern kann, nämlich, indem man den anderen Menschen genau auf der emotionalen Ebene anspricht, die man zum Schwingen bringen will. Wenn man eine Gesprächsatmosphäre verändern will, fängt man am besten bei sich selbst an.

Je kompetenter Sie mit einer emotionalen Einstellung umgehen können, umso gezielter sind Sie in der Lage, genau die Reaktionen beim anderen zu erreichen, die Sie emotional erzielen wollen. Wollen Sie nicht emotional diskutieren, so vermeiden Sie es ganz bewusst, Emotionen zu sehr ins Spiel zu bringen. Geben Sie sich bewusst kühl

und distanziert. Damit verlagert sich das Bewusstsein auf die mentale Ebene. Dem analysierenden und ordnenden Verstand ist es nun möglich, ein Gespräch zu beginnen, das Raum für einen interessanten Dialog eröffnet.

Die mentalen Schwingungen

Auf der mentalen Ebene zeigt sich die Fähigkeit der analytischen Intelligenz. Die mentalen Fähigkeiten und der richtige Umgang mit der emotionalen Intelligenz sind wesentliche Faktoren, um die Lebenspraxis konstruktiv zu bewältigen. Das Gesetz der Schwingung besagt, dass wir alle Erfolgsfaktoren in uns möglichst in einer ausgeglichenen Form zur praktischen Anwendung verfügbar haben sollten. Fehlt eine dieser Schwingungskomponenten, wird der Erfolg einseitig auf eine bestimmte Ebene verlagert. Man kann dann vielleicht besonders einfühlsam reagieren, aber es fehlt die kritische Analyse, man wird ausgenützt und merkt es zu spät oder gar nicht.

Wenn eine Vision sowohl auf der emotionalen wie mentalen Ebene Unterstützung erhält, so entsteht Motivation. Da fühlt man sich begeistert. Die Idee ist klar und analytisch durchdacht, und schon entsteht eine Schwingung, die etwas bewirken, die etwas verändern, verbessern und erreichen kann. Werden spirituelle Aspekte gleichfalls berücksichtigt, so ist es möglich, auch größere Ziele zu verwirklichen. Ziele stellen Lebensziele dar, wenn sie das Leben

bereichern. Als Verstärker kommt dann noch Anerkennung durch andere Menschen hinzu, und oft ergeben sich ganz spontan Möglichkeiten für eine Zusammenarbeit mit anderen Gleichgesinnten und Mitmenschen. Eine solche Schwingung erfasst meistens auch die Menschen unserer näheren Umgebung.

Die spirituellen Schwingungen

Das Gesetz der Schwingung wirkt prinzipiell auf jeder Ebene, der emotionalen, der mentalen und der spirituellen. Die Intensität dieser Schwingung wird auf den Ebenen, auf denen wir am stärksten polarisiert sind, auch am stärksten wahrgenommen.

Anders ausgedrückt: Die Emotionen, die in unserem Bewusstsein am häufigsten und intensivsten präsent sind, prägen unsere Wahrnehmungsebene und damit die Ebene, auf der wir handeln und Entscheidungen treffen.Für die spirituelle Ebene beginnen sich viele Menschen erst dann zu öffnen, wenn sie mit einem schweren Schicksalsschlag konfrontiert werden, wenn die Fundamente des Seins ins Wanken geraten. Das Erfolgsgesetz der Schwingung kann auf der spirituellen Ebene eine entsprechende Wirkung erzeugen, wenn bewusst spirituelle Zielsetzungen verfolgt werden. Denn das Bewusstsein bestimmt die Qualität der Schwingung, die man auf seine Umgebung ausstrahlt. Wer ständig negative

Schwingungen aussendet, dem begegnen diese Schwingungen auch. Das Gesetz der Schwingung besagt im Wesentlichen, dass die Schwingungsqualität, auf der sich unser Bewusstsein befindet, auch gleichzeitig bestimmt, welche Schwingungen zu uns Zugang finden. Mit der eigenen Schwingung bestimmt man praktisch, auf welchen Schwingungsfrequenzen man auf den verschiedenen Ebenen energetisch kommuniziert. Hat sich eine Schwingungsqualität einmal fest in unserem Energiesystem verankert, wird es entsprechend schwierig, diese Energie auf eine höhere Schwingungsebene zu transferieren.

Um sich eine Erfolgsaura aufzubauen, ist es notwendig, sich einmal klarzumachen, was man schon alles im Leben erreicht hat und welche Erfolge man erzielen konnte. Dabei kann man sich sehr wohl auch Erfolge bewusst machen, die schon lange zurückliegen. Machen Sie sich auch bewusst, was Sie bereits besitzen und über welche *Res*sourcen Sie verfügen.

Es gibt eine Schwingung der Armut ebenso wie eine Schwingung des Reichtums. Die Schwingung der Armut sagt aber nichts über den wirklichen Reichtum und Besitz aus.

Unzufriedenheit findet man sehr oft bei Reichen, die sich ständig Sorgen machen über alles, was sie noch nicht haben. In ihrer Raffgier können sie nie genug bekommen. Sie brauchen ständig das Gefühl, anderen etwas vorauszuhaben. Eine ständige Sucht nach Überlegenheit treibt sie dazu, noch mehr besitzen zu wollen.

Denn es gibt immer Dinge und Besitztümer, die andere haben, man selbst aber nicht. Diese Menschen sehen immer

nur das, was sie noch nicht haben, sie sehen nur den Mangel, das Defizit, das sie noch beseitigen zu müssen glauben. Glücklich macht sie für kurze Momente immer nur das, was sie selbst besitzen, andere aber nicht haben.

Unsere Medien unterstützen dieses Bewusstsein des Mangels ebenso wie das deprimierende Bewusstsein, das erwartet, alles werde schlechter. So findet ein solches Negativ-Denken schon bei der Auswahl dessen statt, was im Fernsehen gesendet werden soll. Frei nach dem Motto: Wenn die Leute sehen, wie schlecht es den Menschen anderswo geht, dann werden sie mit dem zufrieden sein, was sie haben.

Das Lust-am-Leid-Bewusstsein suggeriert, dass es uns sehr gut geht, weil wir miterleben, wie viel Leid andere ertragen müssen. Da kommt Freude auf. Diese Schadenfreude suggeriert sozusagen eine göttliche Anerkennung, die darin besteht, dass dieser Schaden mich nicht trifft, sondern einen anderen.

Er hat es dann eher verdient, dass diese Strafe ihn ereilt. Ich kann so stolz sein, davon nicht betroffen zu sein, und das als mein Verdienst anrechnen.

Diese Freude am Leid anderer setzt voraus, dass das Leid der anderen ständig größer wird, denn auch bei dieser Lust gilt: Man will immer mehr und noch mehr. Irgendwann ist dann die Schwelle erreicht, wo man nach dieser Lust am Leiden anderer richtig süchtig wird.

Aber diese Lust gibt einem nie das Gefühl, etwas Sinnvolles erreicht zu haben, dem Leben Sinn und Richtung gegeben zu haben. Diese Lust macht uns zu Empfängern, die wie hypnotisiert vor dem Fernsehgerät sitzen und warten oder so

lange mit der Fernbedienung zappen, bis sie etwas finden, was ihrer Schwingungsqualität entspricht.

Wer solche oder ähnliche Energien bei sich entdeckt, kann hier durch positive Affirmationen entgegenwirken. Natürlich braucht jeder Mensch diese Anerkennung und Wertschätzung, und wenn sie fehlen, dann ist die Versuchung groß, sie sich durch entsprechende Rechtfertigungen auf der unbewussten Ebene zu holen.

Aber Wertschätzung ist eine Energie, die schon präsent sein sollte, bevor man sie von außen erwartet. Die Möglichkeit, sich selbst Anerkennung zu geben, ist der erste Schritt, diese auch von anderen zu erhalten. Wenn man spürt, dass eine andere Person sich selbst nicht schätzt, fällt es auch schwer, ihr Anerkennung entgegenzubringen.

Hier hilft nur ein radikales Umdenken, nach dem Motto: Würdige deine Leistungen, damit auch die anderen deine Leistungen würdigen können.

Die Basis dafür ist die Selbstachtung. Fragen Sie sich: Gehe ich mit mir auch wirklich gerecht um? Verurteile ich mich nicht vorschnell? Schätze ich meine Leistungen und meine Leistungsfähigkeit nicht zu niedrig ein?

Dabei geht es nicht darum, alles nur in der Vorstellungswelt zu verändern, sondern die Anregungen auch in die Alltagspraxis zu übernehmen. Bemühen Sie sich, diese Selbst-Wertschätzung, diese Selbstachtung durch Handlungen und Taten zu leben.

Fragen Sie sich: Was sind Taten und Handlungen, die mich in meinen Augen und in den Augen meiner Mitmenschen achtenswerter und schätzenswerter machen? Wofür würde

ich gerne Anerkennung bekommen? Wann fällt es mir schwer zu glauben, dass ich mich mehr schätzen sollte? Für welche Handlungen und Verhaltensweisen finde ich mich würdig, gelobt zu werden?

Auch hier gilt: Fangen Sie bei den kleinen Dingen an, um dann zu den größeren fortzuschreiten. Und nichts ist beim Erlernen der Selbstachtung, der Wertschätzung, des Lobens wichtiger als regelmäßige Wiederholungen. Nur das, was man regelmäßig macht, wird zur Gewohnheit und zu einem ganz natürlichen und selbstverständlichen Verhalten.

Übungen zum Gesetz der Schwingung

Die Übungen zum Gesetz der Schwingung sollen helfen, die energetische Wahrnehmung für die verschiedenen Schwingungen zu entwickeln und zu vertiefen.

Das Gesetz der Schwingung anwenden

Wer seiner Begeisterung folgt, tut, was ihm am meisten Spaß macht und was er am besten kann. So zieht er die Erfolgsschwingung an. Lebensfreude, Selbstbewusstsein und Mut stellen sich ein, sobald wir beginnen, unsere Träume zu verwirklichen.

Mut zu den eigenen Wunschvorstellungen! Das führt dazu, sich bewusst zu machen, was man in seinem Innersten

wirklich will, was einem wichtig ist und wofür man bereit ist, sich einzusetzen. Erfolg ist die Folge von inneren Bildern, die sich wie von selbst aneinanderreihen.

Fragen Sie sich: Was sind meine Wunschvorstellungen? Was will ich unbedingt erreichen? Was sind meine Stärken, und wie kann ich sie richtig einsetzen? Für welche sozialen Anliegen bin ich bereit zu kämpfen? Was waren meine »Jugendträume«, und was ist aus ihnen geworden? Was möchte ich jetzt noch verwirklichen? Wie wichtig sind mir Gerechtigkeit, Treue, Verlässlichkeit, Kreativität, Flexibilität, Hilfsbereitschaft, Zusammengehörigkeitsgefühl?

Welche Ziele habe ich schon erreicht, und welche will ich unbedingt noch erreichen? Welche Teilziele muss ich Schritt für Schritt umsetzen, um mein Wunschziel erfolgreich verwirklicht zu sehen?

Mit welchen Leistungen bin ich besonders zufrieden? Durch welche Leistungen möchte ich meiner Nachwelt erhalten bleiben? In welchen Bereichen kann ich für mich in Anspruch nehmen, ein Vorbild zu sein?

Zuerst kommt es darauf an, eine unerschütterliche positive Grundhaltung zu entwickeln und diese Energie wirklich auf allen Ebenen zu festigen. Damit haben wir immer die Möglichkeit, unser ganzes Wissen, unser ganzes Können und alle unsere Fähigkeiten zu mobilisieren, um uns auf eine neue Situation einzustellen.

Und nun geben Sie sich selbst die folgenden Affirmationen:
»Alles, was ich mir vornehme, führe ich zum frühestmöglichen Zeitpunkt durch. Ich schiebe nichts auf, denn das

verbraucht nur unnötig Energie, die mir dann für andere wichtige Dinge fehlt.«

»Ich konzentriere mich immer auf das Wichtigste. Ich lasse alle Tätigkeiten beiseite, die mir nicht sinnvoll erscheinen. Ich konzentriere meine Energie nur auf Dinge, die ich für sinnvoll halte. Damit spare ich die Zeit, die ich für Tätigkeiten verwendet habe, nur damit die Zeit vergeht oder um nicht aufzufallen.«

»Ich bin nur mir selbst darüber Rechenschaft schuldig, wofür ich meine Energie einsetze. Diese Liebe und diese Anerkennung bin ich mir schuldig. Ich tue Positives, und dafür verdiene ich es, von mir geschätzt und gelobt zu werden.«

Sich auf die gewünschte Schwingung einstellen

Die nachfolgenden Affirmationen wirken auf der energetischen Ebene dadurch, dass Sie das Vertrauen in diese Vor- und Einstellungen auf sich wirken lassen. Dabei kommt es darauf an, diese in einem entspannten Zustand ins Bewusstsein und in der Folge ins Unterbewusstsein einsickern zu lassen. Die Affirmationen wirken durch die Kraft des Glaubens und werden durch Visualisierungen verstärkt.

Manchmal sind auch Widerstände gegen die energetische Wirkung von Vorstellungen zu spüren. In diesen Fällen können die Affirmationen wiederholt und durch Visualisierungsübungen weiter intensiviert werden. Dabei ist es wichtig, einen deutlich entspannten Zustand zu erreichen, uni so Affirmationen und Visualisierungen beson-

ders gut einwirken zu lassen. Sie spüren dann, wie sich körperliche Verspannungen lösen und der mentale Widerstand schwindet, bis sich Vertrauen einstellt und die gewünschten Ziele erreicht werden. Je höher Sie Ihre Ziele stecken, umso stärker muss der Glaube daran sein, dass Sie diese erreichen können.

Hier die Affirmationen:

»Ich kann mich immer und überall auf jede Schwingung einstellen, die ich erfahren möchte oder die mich neugierig macht.«

»Ich bevorzuge es, solche Ebenen aufzusuchen, die mich positiv beeinflussen.«

»Wenn ich etwas Spezielles wahrnehmen möchte, finde ich immer automatisch die richtige Ebene der Wahrnehmung.«

»Ich kann mich immer auf meine energetische Wahrnehmung verlassen.«

»Ich verbinde mich mit den Energiequalitäten, die am besten geeignet sind, eine Lösung für ein bestehendes Problem herbeizuführen.«

»Ich weiß, es gibt immer eine Lösung.«

»Alle Aufgaben, die auf mich zukommen, bieten mir die Chance, sie zu überwinden.«

4
Das Erfolgsgesetz von Ursache und Wirkung

Das Gesetz von Ursache und Wirkung ist in vielen Bereichen wirksam, in denen man dies nicht annehmen würde. Im Bereich der Physik ist dieses Gesetz vollkommen einsichtig, aber es gilt auch in psychologischen und zwischenmenschlichen Bereichen. Jeder Mensch hat eine Aura, die als Energiefeld für feinfühlige Menschen spürbar ist. Doch diese Energiefelder wirken auch bei denen, für die diese Energien nicht existieren, weil sie sie nicht sehen. Ebenso wie die Radioaktivität eine unsichtbare, aber sehr wirksame Energie ist, stellen auch die Gedanken eine unsichtbare, aber sehr wirksame Energie dar. Wenn in einer Gruppe von Menschen eindeutig vorherrschende Gedankenströme aktiv sind, spürt man sie unbewusst und reagiert auf sie. Man erlebt es immer wieder, wenn zum Beispiel vor Besprechungen einzelne Teilnehmer eine ganz abweichende Meinung vertreten. Oft kommt es schon zu Veränderungen, noch bevor überhaupt eine Diskussion erfolgte. Natürlich kann es auch mehrere Gruppen mit unterschiedlichen Meinungen geben, aber meist kommt es schon im Vorfeld zu Annäherungen, zu Gefühlen wie: »Ich fühle mich mehr zu diesen Standpunkten hingezogen.«

Ursache und Wirkung auf der emotionalen Ebene

Auf der emotionalen Ebene zeigt sich, dass, wenn Menschen schlecht über andere sprechen, dies auf sie selbst zurückfällt. »Hast du schon gehört, die Karin hat schon wieder einen neuen Freund. Die wechselt ihre Freunde wie andere die Unterwäsche.« — »Für den Neuen möchte ich auf keinen Fall arbeiten. Der ist wirklich unmöglich. Er schikaniert seine Mitarbeiter, ist absolut unfähig, andere zu verstehen, ist ungerecht und autoritär. Wenn ich ihn sehe, wird mir schon übel.«

Das ist Tratsch, wie man ihn immer wieder erlebt. Manche Menschen machen es zu einem richtigen Sport, sich über andere den Mund zu zerreißen und Gerüchte in Umlauf zu setzen. Das Ziel ist klar. Die anderen werden herabgesetzt, damit man selbst umso besser und strahlender dasteht. Jeder Fingerzeig auf die moralischen Defizite der anderen soll dazu signalisieren: So bin ich nicht.

Aber die Klatschtanten und -onkel sollten sich über eines klar sein: Es fällt auf sie zurück, wenn sie schlecht über ihre Mitmenschen reden. Sie schaden mit ihrem lockeren Mundwerk nicht nur den Personen, über die sie herziehen, sondern vor allem sich selbst.

Wer eine eigene Schwäche zu vertuschen sucht, wird diese dann besonders eifrig bei den andern suchen. Schwächen, die man bei sich nicht wahrnehmen will, projiziert man auf andere. Auf der energetischen Ebene ist allerdings klar: Man kann nur mit solchen Energien eine Verbindung aufbauen,

die den eigenen sehr ähnlich oder identisch sind. Aber man hat immer die Wahl, unterschiedlich damit umzugehen.

Untersuchungen von Psychologen* kommen zu folgenden Ergebnissen: Der Eindruck, den man bei anderen Menschen hinterlässt, hängt davon ab, wie man über andere spricht. Wer genüsslich über andere herzieht, bewirkt vor allem, dass die schlimmen Eigenschaften, die man bei anderen »aufdeckt«, beim Zuhörer den Eindruck erwecken, der Sprecher wolle von seiner eigenen Schwäche auf diesem Gebiet ablenken.

Aus energetischer Sicht ist das klar und selbstverständlich. Wer mit bestimmten Energien in Resonanz tritt, hat diese Energiequalität in seinem Energiesystem präsent. Aber die Entscheidung, wie Sie mit dieser Energie umgehen, bleibt weiterhin offen. Wer bewusst versucht, energetisch wahrzunehmen, spürt die Energien, die im Gegenüber aktiv sind. Lässt er sich auf diese Energien ein, dann gibt es Verbündete. Will der andere aber mit diesen Energien nichts zu tun haben, so wird er sich zurückziehen, verschließen oder versuchen, Sie auf eine andere energetische Ebene zu bringen.

Die spontane Eigenschaftsübertragung tritt mit erstaunlicher Regelmäßigkeit auf. Das war eine der Schlussfolgerungen dieser in den USA durchgeführten psychologischen Studien. Auf der energetischen Ebene ist das ganz und gar nicht erstaunlich. Denn Energie ist, wenn sie aktiviert worden ist, sofort wahrnehmbar. Nur haben die meisten Menschen verlernt; dieser Wahrnehmung zu vertrauen. Die erwähnten Studien belegen, dass dieses Phänomen der unbewussten Übertragung auch dann zu beobachten war, wenn die

Journal of Personality and Social Psychology, 4/1998

Zuhörer gezielt darauf aufmerksam gemacht wurden, dass es keinen Zusammenhang zwischen der Person des Sprechers und seinen über andere gemachten Äußerungen gab. Die spontane Eigenschaftsübertragung geschieht automatisch und ist für die Beteiligten unbewusst.

Sinnvoll ist es, eine Energiequalität zu akzeptieren und zu lernen, wie man mit ihr bewusst umgeht. Wer aus Fehlern anderer eine amüsante Story zum Weitererzählen macht, hat damit zwar einen Weg gefunden, Missstände bewusst zu machen, aber sich auch gleichzeitig mit der Angst arrangiert, die ihn daran hindert, offensiv eine Änderung anzustreben. Aber genau dadurch könnte man seine eigene energetische Struktur verbessern und würde darüber hinaus diese Energien auf andere ausstrahlen. Viel fruchtbarer ist es daher, sich auf die Ebene der kreativen Lösungsmöglichkeiten zu begeben, um dort Lösungen zu finden, die für alle Beteiligten gangbar erscheinen. Dadurch erreicht man eine qualitativ andere energetische Schwingungsebene mit einer gänzlich anderen Ausstrahlung.

Auf der energetischen Ebene zeigt es sich sehr klar, wenn man das Erfolgsgesetz von Ursache und Wirkung berücksichtigt. So kommt es darauf an, positive Ursachen zu schaffen, um entsprechende Wirkungen zu erzielen. Denn wer schlecht über andere spricht, kommt selbst in Verruf, auch wenn das Gegenteil beabsichtigt wurde. Wer mit schlechten Energien einschläft, darf sich nicht wundern, wenn er auch mit diesen aufwacht.

Und noch eines: Auf der energetischen Ebene gibt es keine Täuschungsmanöver. Manipulieren kann nur der Intel-

lekt, aber der Intellekt kann Energien nicht transformieren. Energien umwandeln können wir nur auf der energetischen Ebene. Jeder kennt Ärzte, die genau wissen, wie schädlich das Rauchen ist, es aber trotzdem tun. Ähnlich verhält es sich mit der Überernährung. Es mangelt nicht am Wissen, sondern am Tun. Wer eine positive Grundhaltung einnimmt, stimmt sich damit auf der energetischen Ebene genau auf die Energien ein, die aufbauend wirken und qualitativ höherwertig sind. So steigern wir unser eigenes Wohlbefinden und strahlen Energien aus, die das Wohlbefinden der anderen positiv beeinflussen.

Damit schaffen wir für uns ganz wichtige Entwicklungsschritte und begeben uns auf den Pfad des Erfolgs, was sich auch unser höheres Selbst wünscht.

Ursache und Wirkung auf der mentalen Ebene

Auf der mentalen Ebene kommt vor allem der Aufmerksamkeit eine besondere Bedeutung zu. Sie ist auf dieser Ebene deshalb so wichtig, weil von ihr eine gestaltende Wirkung ausgeht. Die fokussierenden Kräfte des Bewusstseins bringen uns in einen Zustand erhöhter Aufmerksamkeit. Unterstützt wird dieser Vorgang, wenn es gelingt, von außen Aufmerksamkeit für eine Sache oder eine Person zu gewinnen. Aufmerksamkeit kann zum Beispiel die Fähigkeit von Sportlern, Entertainern, Schauspielern und allen, die

in der Öffentlichkeit arbeiten, steigern helfen. Darum sind Menschen, denen es gelingt, die Aufmerksamkeit von möglichst vielen Menschen im positiven Sinn auf sich zu richten, besonders erfolgreich. Diese »Fan-Clubs« wirken durch ihre erhöhte Bewusstseinskonzentration förderlich auf eine bestimmte Person oder ein Ereignis ein.

Aufmerksamkeit ist aber ein Gut, das nicht nur in den Medien, in der Werbung und damit im Wirtschaftsleben eine außerordentliche Bedeutung hat, sondern auch im zwischenmenschlichen Bereich. Die Frage, ob es gelingt, auf sich oder seine Leistung aufmerksam zu machen, entscheidet sehr oft über Erfolg oder Misserfolg. Ein Mangel an Aufmerksamkeit kann sich auf das Wohlbefinden auswirken: Niemand nimmt mich ernst, keiner beachtet mich.

Wenn jemand zu sehr im Mittelpunkt des Interesses steht, kann das allerdings auch zu einer Last werden. Prinzessin Diana beispielsweise hat sich sicher oft danach gesehnt, weniger im Blickpunkt des öffentlichen Interesses zu stehen. Dagegen sind Politiker, TV-Moderatoren, Popstars und ähnliche Personengruppen zumeist regelrecht süchtig danach, auf sich aufmerksam zu machen und beachtet und geachtet zu werden. Für sie alle ist das gesteigerte Interesse der Zuschauer ein Bestandteil ihrer Leistung und wird zum Gradmesser für ihre Leistungsfähigkeit.

Gewinnen die Silberpfeile in der Formel 1, sind die Mercedes-Manager auf der Bühne der Eitelkeiten vertreten. Stellt sich aber kein Erfolg (Sieg) ein, so treten sie auch nicht in Erscheinung. Schließlich hat ja der Fahrer das Rennen verloren. Für den Sieg dagegen sind alle zuständig. Es ist

wichtig, mit positiven Ergebnissen auf sich aufmerksam zu machen, aber es schadet, wenn man bei negativen Events im Mittelpunkt steht.

Deshalb versuchen viele Firmen, bekannte Persönlichkeiten, die sich in den Medien, vor allem aber beim Fernsehen ein positives Image erworben haben, für die Werbung ihrer Produkte einzusetzen. Dadurch wird deren positive Energie auf das Produkt, das sie bewerben, übertragen. Aber der Preis, den diese Personen dafür bezahlen, ist der, dass sie einen Teil ihrer positiven Energie abgeben. Sie verkaufen sozusagen einen Teil ihres positiven Images. Wenn ein erfolgreicher Skifahrer für seine Skier wirbt, so ist das durchaus glaubwürdig. Anders ist die Situation, wenn ein erfolgreicher Tennisspieler für eine Schokocreme wirbt. Man merkt, dass diese Energien nicht zusammenpassen. Es wirkt nicht mehr authentisch.

Alles hat eine bestimmte Energie. Darum ist es für jeden Menschen wichtig, sich stets zu fragen, ob die Energie zu ihm passt. Ein Auto strahlt eine bestimmte Energie aus. Eine Wohngegend, ein bestimmter Beruf, die Kleidung, der Partner, die Wohnung, die Einrichtung, die Freizeitbeschäftigung, die Hobbys, die Beziehung zu bestimmten kulturellen Einrichtungen, Religionen und weltanschaulich orientierten Gruppierungen: Alles strahlt eine bestimmte Energie aus. Je besser die jeweiligen Energien zu unserer Persönlichkeit passen und sie ergänzen, umso authentischer wirken wir in unserem Auftreten und unserer Erscheinung.

Durch das Sensibilisieren für diese Energie erschaffen wir uns einen ganz neuen Beobachtungs- und Wahrnehmungsbereich. Wir lernen, uns und unsere Bedürfnisse zu

spüren, zu erkennen und zu erfahren, welche Energien unser Dasein bestimmen, welche uns guttun und welche wir meiden sollten. Diese neue Wahrnehmung führt zu einem ganz neuen Bewusstsein über uns selbst, über unsere Beziehungen zu anderen und zu dem, was uns bewegt. Dadurch öffnen sich Tore zu einer neuen Form der Selbstfindung und der Selbstbestimmung. Damit gewinnen wir Autonomie und können uns von Vorstellungen und Ängsten befreien.

Für Menschen, die den ganzen Tag angespannt arbeiten und mit vielen anderen Menschen zusammen sind, kann das Alleinsein eine wahre Befreiung darstellen, während andere sich allein gelassen fühlen. Die Sehnsucht nach dem Alleinsein setzt voraus, dass wir diese Entscheidung für uns treffen und nicht das Gefühl haben, nicht gebraucht zu werden. Wir können über uns selbst bestimmen. Menschen, die diesen Wunsch in sich noch nicht entdeckt haben, fühlen sich allein und empfinden das als ein Manko. Sie wollen mit anderen zusammen sein, aber es fehlt der richtige Partner. Alleinsein stellt eine Chance dar, sich bewusst zu machen, was man wirklich will, welche Wünsche und Vorstellungen man hat.

Es ist nicht der glücklich, der nur einen Wunsch kennt und ihn sich erfüllen will, koste es, was es wolle, sondern der, der unter mehreren Wünschen wählen kann. Wer alle seine Wünsche kennt, kann auch entscheiden, welche er sich erfüllen will. In der heutigen Konsumwelt ist es für viele Menschen ein Luxus geworden, sich noch selbst über die eigenen Wünsche Gedanken zu machen. Viele glauben, sie müssten sich durch ein bestimmtes Konsumver-

halten in eine bestimmte Gesellschaftsschicht »einkaufen«. Sie halten es für erstrebenswert, sich den vorgegebenen Konsumklischees anzupassen. In der Konsumwelt nehmen vor allem die Illusionen von uns Besitz, die durch das Aktivieren von unbewussten Vorstellungen geweckt werden. Aber auf der mentalen Ebene kann man sich diese Beeinflussungsabsichten bewusst machen und entsprechend gegensteuern.

Jeder Mensch ist einzigartig. Jeder Mensch verfügt über noch schlummernde Fähigkeiten. Diese gilt es zu entdecken und zu aktivieren. Damit ist es möglich, die eigenen Grenzen neu zu setzen und zu fragen: Was möchte ich ändern, was kann ich verbessern? Denn jede Erfahrung, die dazu führt, über unsere Grenzen hinauszuwachsen, führt zu einem gestärkten Selbstvertrauen. Stellt man sich vor, dass man dem eigenen höheren Selbst erklärt, was man erreichen will, so wirkt allein diese Vorstellung schon anspornend.

Wer der Energie des »Ich-kann-das-alles-nicht«, des Sich-Nichts-Zutrauens frönt, entmutigt sich unnötig. Emotionen sind dazu da, um mit allem, was man sich wünscht, auf der emotionalen Ebene in Verbindung zu treten. Die mentale Ebene dient dazu, die Dinge von den verschiedensten Seiten zu betrachten und auszuprobieren, was noch alles zu bewerkstelligen wäre, wenn man es verändern könnte. Das ist spielerisches Denken. Die Dinge zu drehen und zu wenden und zu sehen, was sich da noch alles anders gestalten lässt, dafür eignet sich die mentale Ebene ganz besonders.

Auf der spirituellen Ebene wird die Frage nach dem Sinn entschieden: »Warum setze ich mich für diese und jene Sache ein? Warum ist es mir so wichtig, dieses und jenes

Ziel zu erreichen? Was ist der Sinn meines Lebens? Welche Aufgaben möchte ich in diesem Leben erfüllen?«

Sie tragen die Verantwortung für Ihr Leben und für alles, was Sie bewirken und verursachen. Sie sollten sich fragen, welche Auswirkungen Ihre Einstellungen auf Ihr Leben haben: »Wie gehe ich mit Besitz, mit Einfluss und mit Macht um?

Wie verhalte ich mich im Beruf, im Privatleben, in politischen und gesellschaftlichen Belangen?

Wo sind die moralischen Grenzen meines Handelns?

Was sehe ich als die wichtigste Aufgabe in meinem Leben an?

Welche Aufgaben könnte ich mir noch stellen?

Welche Fähigkeiten möchte ich noch entdecken und entwickeln?

Für welche Tätigkeiten möchte ich meine Energien einsetzen?«

Das Gesetz von Ursache und Wirkung auf der mentalen Ebene beruht vor allem darauf, dass alles, was gedacht wird, eine Ursache auf der mentalen Ebene darstellt, die eine Wirkung auch auf den anderen Ebenen erzielt. Dabei kommt es immer darauf an, wie stark die Energien sind und welche Qualitäten vorherrschend sind.

Ursache und Wirkung auf der spirituellen Ebene

Auf der spirituellen Ebene bietet sich die Möglichkeit, sich aus den Verwicklungen des materiellen Daseins zu lösen und die Ursachen herbeizuführen, die dafür die entsprechende Ausgangssituation schaffen. Auf dieser Ebene wird über die wahren Werte unseres Lebens entschieden, hier werden die Wünsche unseres höheren Selbst umgesetzt. Viele Menschen haben Ansehen und Reichtum erreicht, aber die innere Leere, die spirituelle Unzufriedenheit nagt an ihrer Seele. Die Kompensation durch noch mehr materielle Güter, durch noch mehr Anerkennung funktioniert nicht mehr und ist vor allem nicht dauerhaft. Die spirituelle Leere bleibt, auch wenn noch so viel Macht, Einfluss und Reichtum angehäuft werden.

Für den wirklichen Erfolg ist die Befriedigung spiritueller Bedürfnisse von ausschlaggebender Bedeutung.

Auf der spirituellen Ebene stehen die Sinnfragen der menschlichen Existenz im Vordergrund. Hier geht es um menschliche Werte, um Harmonie und Ganzheitlichkeit. Hier spielen nicht die wirtschaftlichen Erfolgsfaktoren wie Härte, erbarmungsloser Konkurrenzkampf, Umgehung des fairen Wettbewerbs, die besten Ellbogentechniken, die rücksichtslosesten Strategien gegen die Mitbewerber, das Ausnützen von Gesetzeslücken die Hauptrolle, sondern spirituelle Werte.

Auf dieser Ebene stellt sich die Frage nach sinnvollen Regeln für das Zusammenleben der Menschen innerhalb der Gesellschaft und im Verhältnis zu anderen Gesellschaften

und Kulturen. Wie gehen wir mit uns selbst um und wie mit den Mitmenschen und den uns Anvertrauten?

Hier geht es um Liebe, die wir uns selbst angedeihen lassen, und die Liebe, die wir unseren Mitmenschen schenken.

Aber auch die Liebe zum Schöpfer, zur Natur und zu den wahren Werten des menschlichen Daseins stehen auf der spirituellen Ebene im Zentrum des Handelns und Fühlens.

Übungen zum Gesetz von Ursache und Wirkung

Die Übungen zum Gesetz von Ursache und Wirkung sollen helfen, dieses auf allen Ebenen gezielt einzusetzen.

Das Gesetz von Ursache und Wirkung bewusst anwenden

Um dieses Gesetz wirkungsvoll anwenden zu können, ist es notwendig, sich damit zu befassen, wie man günstige Rahmenbedingungen schafft. Dabei kommt es darauf an, dass es zwischen Vorstellung und Willen keinen Widerspruch gibt. Denn bei einem Widerspruch von Imagination und Willen siegt immer die Vorstellungskraft. Wer beispielsweise viele Vorstellungen darüber hat, welche Nahrungsmittel unabhängig von ihrem Kalorienreichtum sehr gut schmecken, den Körper angeblich kräftigen und vielleicht auch noch die Stimmung verbessern, der wird wenig Erfolg beim Abnehmen haben, auch wenn er

noch so viel Willenskraft aufwendet. Viel effektiver ist es, diese verschiedenen Vorstellungen zu überprüfen und sich zu fragen, welche dazu beitragen, sich gesund zu ernähren, den Körper zu ertüchtigen — zum Beispiel durch genügend Bewegung an der frischen Luft und ausreichende Erholungsphasen. Das Ergebnis ist dann ein verantwortungsbewusster Umgang mit dem eigenen Körper.

Veränderungen im emotionalen und mentalen Bereich lassen sich am besten im Zustand tiefer Entspannung, also durch eine Meditation erreichen, die als positiven Nebeneffekt den ganzen Körper entspannt.

Dazu schließen Sie Ihre Augen und spüren, wie sich im ganzen Körper eine wohlige Wärme auszubreiten beginnt, die jeden Teil des Körpers erfasst. Sie spüren, wie die Wärme langsam, aber sicher in alle Zellen eindringt.

Der ganze Körper ist nun von dieser angenehmen Wärme durchtränkt. Vom Kopf bis zu den Zehen ist alles in einem tiefen Entspannungszustand.

In diesem Zustand können Sie in Ihrem Bewusstsein und Unterbewusstsein all die Vorstellungen verankern, von denen Sie sich wünschen, dass sie Wirklichkeit werden.

Dabei ist es sehr wichtig, sich alles so vorzustellen, als wenn es sich schon verwirklicht hätte. Das ist deshalb wichtig, weil das Bewusstsein darauf ausgerichtet ist, alle Gegebenheiten zu unterstützen, die für die Bewältigung der Wirklichkeit erforderlich sind.

Um eine Wirkung zu erzielen, die zu einem umfassenden Erfolg führt, bedarf es vieler kleiner Ursachen und Wirkungen, die aufeinander aufbauen und sich zu einer entsprechenden

Wirkung verdichten. Hier gilt vor allem: Der Weg ist das Ziel. Es kommt darauf an, Schritt für Schritt den richtigen Weg zu finden, etwas zu verursachen und etwas zu verwirklichen.

Jeder erfolgreiche Teilschritt führt zu neuem Selbstvertrauen und zu einem gestärkten und gefestigten Selbstwertgefühl, und darauf vertrauend können wieder neue Schritte erfolgen. Insgesamt entsteht damit eine Dynamik, die sich gemäß dem Gesetz von Ursache und Wirkung weiter verstärkt und nach jedem erfolgreichen Teilschritt mit noch mehr Energie und Dynamik erfolgreich fortsetzen lässt.

Jeder kennt das Gefühl, wenn die Zeit zu knapp ist und zu viele Aufgaben zu erledigen sind. Da hilft im ersten Schritt nur eines, nämlich sich den zeitlichen Aufwand für die verschiedenen Aufgaben bewusst zu machen. Dazu bietet sich die Methode des »Time-reframings« an.

Dahinter verbirgt sich die Technik, für alle Tätigkeiten einen bestimmten Zeitrahmen zu definieren. Fragen Sie sich: »Wie viel Zeit möchte ich für diese oder jene Tätigkeiten aufwenden?« Dabei darf auch die Zeit für Erholung und Regeneration nicht fehlen. Dann muss dieser Zeitrahmen mit all seinen Unterabschnitten überprüft werden.

Fragen Sie weiter: »Wie viel Zeit möchte ich jeweils aufwenden für: Partnerschaft, Kinder, Erhaltung und Verbesserung der Wohnqualität, Freizeitsport, Regeneration, Hobbys, persönliche und berufliche Weiterbildung? Wie entwickle ich meinen Zeitplan insgesamt? Wofür bleibt mir immer zu wenig Zeit? Was bedeutet es für mich, wenn mir für bestimmte Aufgaben, die ich wahrnehmen möchte, keine Zeit mehr bleibt? Welche Aufgaben kann ich an eine andere

Person in meinem Umfeld abgeben? Auf welche Aufgaben könnte ich ganz verzichten?«

Die gewünschten Erfolge erzielen

Um die Imaginationsfähigkeit zu steigern, denken Sie sich in folgende Rollen hinein:

o Mahatma Gandhi

o Kleopatra oder Julius Cäsar

o Das höhere Selbst

o Traummann/Traumfrau

Diese Übung dient vor allem dazu, die eigene Imaginationsfähigkeit wiederzubeleben. Kinder finden es ganz natürlich, ständig Rollenspiele zu machen. Ihre Vorstellungskraft ist dementsprechend gut entwickelt. Das hilft ihnen, die unterschiedlichen sozialen Rollen rasch zu erlernen.

Die Fähigkeit, sich in andere Rollen hineinzuversetzen, ist nicht nur für berühmte Filmstars von Vorteil, sie nützt auch jedem anderen Menschen, der seine inneren Kräfte und seinen Willen für ein bestimmtes Ziel mobilisieren möchte.

Wichtig ist, Wille und Vorstellung zu vereinen und für positive Ursachen gezielt einzusetzen. Machen Sie sich eine Liste von positiven Ursachen, die Sie auslösen wollen und die Ihrem Leben neue Impulse und Anregungen vermitteln. So sind Sie einen Schritt weiter, die Ziele zu erreichen, die zu Ihren Lebensaufgaben gehören. Aber träumen Sie auch von den Aufgaben, die Sie noch gerne erfüllt sehen wollen.

5
Das Erfolgsgesetz der Entsprechung

Das Gesetz der Entsprechung besagt: Wie oben, so auch unten; wie im Kleinsten, so auch im Größten. Das Bewusstsein ist in jeder Zelle, und alles ist mit allem verbunden.

Wenn sich Menschenmassen in verschiedenen Teilen der Welt verunsichert und beunruhigt fühlen, weil für sie der »Existenzkampf« härter geworden ist, so berührt das auch die Menschen in anderen Teilen der Welt.

Das gilt auch für spirituelle Bereiche und erklärt das zunehmende Interesse an spirituellen Aktivitäten in anderen Regionen unseres Planeten. Während in früheren Jahrhunderten spirituelle Aktivitäten bewusst abseits der Gesellschaft und des öffentlichen Lebens ausgeübt wurden, hat sich dies nun grundlegend verändert. Die neuen Informationstechnologien und die gesteigerte Mobilität schufen die Voraussetzungen dafür.

In der globalen Informationsgesellschaft breiten sich über die Medien Nachrichten sehr rasch aus. Die Informationsnetze umspannen die ganze Welt.

Fernsehen, Radio, Telefon, Internet sind die technischen Äquivalente zu dem, was es auf der energetischen Ebene schon gibt. Informationen werden von Informationsoligopolen über den gesamten Globus verbreitet. Informationen, die eine gewisse emotionale Intensität erreichen, können sich selbst und ihre Wirkung verstärken.

Informationen, die eigentlich Werbebotschaften darstellen, bedürfen der ständigen Wiederholung, um den emotionalen Schutzwall des Einzelnen zu durchbrechen. Ständiges Wiederholen einer Information erhöht die energetische Intensität, was dazu führt, dass sich die Energie verankert, verstärkt und damit eine langfristige Wirkung erzielt wird. Nicht das kurzfristig aufflammende energetische Strohfeuer führt zu Ergebnissen, sondern die Energie, die ständig präsent ist und wirkt.

Dieser Mechanismus funktioniert im geschäftlichen wie im privaten Bereich. Aber immer gilt dafür das Gesetz der Entsprechungen. Auch die Energien, die hinter dem Profitstreben stecken, erzeugen Wirkungen, die sich selbst verstärken und dann zu Raffgier und Habsucht führen.

Die Energie, die wir auf unserem Weg freisetzen wollen, ist die der Selbstentfaltung. Hier kommt es darauf an, die eigenen Fähigkeiten zu entdecken, sie dann liebevoll anzunehmen und zu pflegen. Man beginnt, sich selbst wieder mehr zuzutrauen, und das führt zu mehr Selbstbewusstsein.

Aus einer Perspektive, die von Selbstsicherheit geprägt ist, sehen viele Probleme und Dinge ganz anders aus. Es entwickelt sich das Gefühl: Ich bekomme wieder eine Chance, ich kann beweisen, dass ich mich in einer neuen Situation behaupten kann.

Das Gesetz der Entsprechung besagt, dass Form und Inhalt voneinander abhängen und aufeinander abzustimmen sind, um ein optimales Ergebnis zu erzielen. Wird die Energie, die zu einer bestimmten Vorstellung geführt hat, während der Phase der Planung und Realisierung verändert, können sich sowohl

die Dynamik als auch das Ziel selbst maßgeblich verändern. Das Gesetz der Entsprechung sorgt für einen reibungslosen Verlauf, wenn vom Imaginieren bis zum Erreichen des Ziels die Qualität der Energie gleich bleibt.

Wenn Inhalt und Form einander entsprechen, ergibt sich daraus eine sich selbst verstärkende Dynamik. Inhalt, Ziel und Energie bilden eine Einheit, und der Erfolg wird zu einem Nebenprodukt, das sich wie von selbst realisiert.

Die emotionale Entsprechung

Alles hat seine emotionale Entsprechung, und es gilt: Wer Moral von den anderen fordert, muss auch selbst nach ethischen Gesichtspunkten leben. Wer Vertrauen ernten will, muss Vertrauen säen, indem er in all seinen Worten und Taten diese Vertrauenswürdigkeit spürbar werden lässt. Es ist ein Unterschied, ob jemand für sich Vertrauenswürdigkeit nur fordert oder ob er sie auch lebt. Wenn man sich bei der energetischen Wahrnehmung auf das Sein konzentriert, erkennt man leicht rhetorische Manöver und Täuschungsversuche. Man spürt, ob die atmosphärische Stimmung dem Gesagten und Getanen entspricht. Wo zwischen Worten, Handlungen und Taten keine Entsprechung erkennbar ist, da fehlt die Stimmigkeit, da ist Vorsicht geboten. Inhalt und Form müssen zueinander passen, sie brauchen eine emotional spürbare und fühlbare Entsprechung.

Jeder kennt die Erfahrung, dass plötzlich etwas im Leben passiert, was man nicht für möglich gehalten hat, was einfach

unvorstellbar war. Aber eine genauere Analyse zeigt: Hätte man mehr auf die Energie, die Motivation geachtet, die hinter jeder Handlung steht, so hätte man das Unerwartete vorhersehen können.

Das Gesetz der Entsprechung fordert dazu auf, für sich selbst herauszufinden, wo Ziel, Handlung und die dahinterstehenden Energien nicht stimmig sind und Aktivitäten blockieren.

Versuchen Sie in Ihrer Vorstellung ein Bild von sich zu schaffen, das Sie so zeigt, wie Sie sein möchten. Dann stellen Sie sich vor, wie Sie all die Handlungen in die Tat umsetzen, die dazu führen, dass sich diese Vorstellung verwirklicht. Wenn man Illusionen intensiv genug erträumt, führt das zu ihrer raschen Verwirklichung. Je mehr wir uns auf die Realität einlassen, umso stärker sind wir mit ihr verbunden und können etwas bewegen, Erfolge erzielen, mit anderen Menschen gemeinsam Ziele erreichen. Tagträume führen uns in ein energetisches Umfeld, das uns hilft, diese zu verwirklichen.

Nachteilig wirkt sich ein zu starkes Festhalten am Bestehenden aus. Wir müssen uns trauen, Barrieren zu überschreiten und Neuland zu betreten, ohne uns zu überfordern oder zu großen Erwartungsdruck entstehen zu lassen, denn das könnte lähmend wirken. Anders ausgedrückt: Der Wunsch und der Energieaufwand, *den* wir dafür leisten, müssen eine vernünftige Relation aufweisen. Wenn wir noch nicht einmal Tennisschläger besitzen, uns aber vorstellen, wie wir ein Turnier gewinnen und Preisgelder kassieren, wird das nicht klappen, auch wenn wir uns das noch so oft auf die farbenprächtigste Art und Weise ausmalen.

Fragen Sie sich: Welche Ziele passen zu mir und zu meinem Wesen? Worauf möchte ich stolz sein können? Was sind meine Potenziale? Wie sieht das Bild aus, das ich mir im Moment von mir mache? Wie sehen mich die anderen, und wie sieht das Bild aus, dem ich entsprechen möchte? Was mache ich, um meinem gewünschten Bild gerecht zu werden? Welche Beziehungen, welche Freundschaften möchte ich eingehen, welche pflegen und welche beenden?

Damit die Energie fließt, müssen blockierende und lähmende Bereiche geändert und auf neue Ziele ausgerichtet werden. Danach richtet sich das Denken und Fühlen. Der Gedankengang »Ich werde mir vielleicht überlegen, ob ich das oder jenes tun soll, um dann möglicherweise zu entscheiden, dass es vorteilhaft sein könnte, mich darauf einzulassen«, drückt eigentlich nur eines aus: Man will sich nicht klar entscheiden und nicht festlegen. Eine Sprache mit zu viel »vielleicht«, »möglicherweise« und anderen verschleiernden Redewendungen führt dazu, dass wir viel Energie dafür verwenden, uns abzusichern, ohne uns entscheiden zu müssen. So entsteht keine Dynamik, die verändert.

Zielvorstellungen lassen sich nur verwirklichen, wenn Sie entschlossen und beharrlich Ihre Ziele verfolgen. Um das zu erreichen, ist es notwendig, sich klar für oder gegen etwas zu entscheiden. Das mag unbequem erscheinen, aber wenn sich die ersten Erfolge einstellen, wandelt sich die Entschlossenheit zu einer unterstützenden Energie um, die dann dynamisch fließt und strömt.

Die mentale Entsprechung

Denken, Sprechen, Handeln und Fühlen sind eng miteinander verknüpft. Wenn neuer Schwung und neue Dynamik in einen Bereich kommen, ändert sich auf allen Ebenen etwas. Man beginnt auf einer Ebene und bemerkt, dass es sich auf der anderen auswirkt. Hier wirkt das Gesetz der Entsprechung unterstützend. Sobald man einen Bereich ändert, beginnen sich die anderen Bereiche darauf aus- und einzurichten. Der Sprache fällt bei der mentalen Entsprechung eine äußerst bedeutende Rolle zu, weil sie unser Denken widerspiegelt. Was ich sage und wie ich es sage und wie ich es formuliere, ist von großer ausschlaggebender Bedeutung. Man kann einem Satz nämlich direkt »nachfühlen«, welche Emotionen, welche Assoziationen und welches kreative Potenzial er anspricht. Je klarer und bestimmter eine Aussage, eine Meinung ist, umso kraftvoller ist die Wirkung.

Hier ein Beispiel: Sie nehmen sich vor, morgen, wenn Sie rechtzeitig aufwachen und Lust dazu verspüren, einen kleinen Versuch zu machen.

Sie wollen probieren, ob es etwas bewirkt, wenn Sie sich ganz kurz etwas vorstellen, von dem Sie sich möglicherweise wünschen, es sollte sich erfüllen. Es wird mit großer Wahrscheinlichkeit wenig passieren.

Mit dieser Vorgehensweise geben Sie Ihrem Unterbewusstsein eindeutig das Gefühl: Was ich mir da vornehme, ist nicht wirklich wichtig, und es ist überdies unklar, ob ich es auch wirklich will.

Anders sieht es jedoch aus, wenn Sie sich sagen: »Heute Abend schlafe ich in dem Bewusstsein ein, dass ich morgen unbedingt um 6.30 Uhr aufstehe. Ich habe dann eine halbe Stunde Zeit für eine Entspannungsübung von 15 Minuten und eine Visualisierungsübung von 10 Minuten. Ich weiß: Was ich mir für morgen vorgenommen habe, führe ich auch auf jeden Fall durch.« Diese Aussage wird, da von klaren Bildern und Vorstellungsabläufen geprägt, an das Unterbewusstsein gesandt und zur Verwirklichung führen.

Auf der mentalen Ebene können Sie überprüfen, ob Ihre Vorhaben, Ihre Zielsetzungen und die Art und Weise, wie Sie diese umsetzen möchten, zu Ihnen passen. Wenn Sie sich beispielsweise von anderen missverstanden fühlen, sich darüber ärgern und dann zu überlegen anfangen, wie Sie das den anderen heimzahlen können, stimmt die Energie überhaupt nicht mit der überein, die eine sinnvolle und kreative Lösung ermöglicht. In solchen Situationen sollten Generalisierungen wie »Du machst immer das und das« oder »Das habe ich schon immer so gemacht« grundsätzlich vermieden werden.

Dagegen ist es erlaubt und sinnvoll zu sagen, wie diese und jene Verhaltensweisen bei einem selbst ankommen. Wie man sich fühlt, wodurch man sich verletzt fühlt, sollte im Mittelpunkt der Auseinandersetzung stehen. Dadurch erreicht man zwei Ziele auf einmal: Man teilt dem anderen mit, wie man sich fühlt, und macht sich das auch gleichzeitig selbst bewusst. Jeder Ärger, der mehr ist als eine spontane Reaktion, die den Handlungsdruck auslöst, rasch eine sinnvolle Lösung zu suchen, ist unangebracht. Denn

wenn Sie sich weiter ärgern, dann richtet sich diese Energie gegen Sie selbst und beginnt, Ihr Gefühlsleben zu stören. Der Ärger ist sozusagen eine Warnlampe, die Sie drängt, rasch eine Lösung zu finden und das Problem nicht beiseitezuschieben, denn sonst wirkt der Ärger auf der unterbewussten Ebene weiter. Es ist notwendig, zu entscheiden und zu handeln. Die Energie, die durch das Ärgern mobilisiert wurde, unterstützt die getroffene Entscheidung.

Die spirituelle Entsprechung

Alles, was man macht, wirkt sich auch auf der spirituellen Ebene aus, vorausgesetzt, man öffnet sich dieser Dimension.

Wer das nicht tut, weil er nicht daran glaubt, dass es diesen Bereich gibt, wirkt in seinem Leben und bei seinen Zielsetzungen wie ein Baum, der vergessen hat, dass er Wurzeln besitzt, und somit die Quelle seiner Existenz nicht mehr kennt. Je nachdem, wie der Wind gerade weht, wird er sich drehen.

Solchen Menschen fehlt die innere Ausrichtung, und sie suchen sich einen Ersatzhalt. Sie wissen nicht, welchen Sinn ihr Leben eigentlich hat, außer dass sie viel Geld, Macht und Anerkennung möchten. Wenn sie allerdings nicht genug davon bekommen, reagieren sie mit Selbstmitleid, werden depressiv und suchen die Schuld für ihr vermeintliches Unglück bei den anderen. Es fehlen die Grundwerte und die moralische und ethische Ausrichtung im Leben. Es zählen nur

das Oberflächliche und das äußerlich Sichtbare. Wer in seinem Leben eine ethische Zielsetzung verfolgt, und damit auch etwas erreicht, hat somit auch eine spirituelle Basis für sein Streben.

Nicht die äußeren Bedürfnisse zu befriedigen, sondern innere Werte erfolgreich zu realisieren ist der Weg zu mehr Lebensfreude, Zufriedenheit und einem glücklichen Leben. Äußerer Reichtum macht nicht glücklich, führt nicht zur Harmonie und nicht zu dem Gefühl, im Leben etwas Sinnvolles erreicht zu haben.

Diese Gefühle entwickeln sich nur dann, wenn auch spirituelle Inhalte verwirklicht wurden. Denn nur die spirituellen Erfolge sind auch Erfolge, die unser Innerstes, unsere spirituelle Identität, befriedigen.

Alles, was wir tun, was wir erreichen wollen, sollte eine spirituelle Entsprechung haben und einem spirituellen Ziel dienen. Wollen wir mehr Wissen und Können erreichen, so sollten dieses Wissen und Können immer dazu dienen, die Welt und die tieferen Dimensionen unseres Daseins zu erhellen.

Das Streben nach Macht und Einfluss ist nur so weit zu akzeptieren, als die Interessen der anderen nicht beeinträchtigt werden. Wer die Herrschaft über andere anstrebt, um eigene Ziele und eigene Machtgelüste zu befriedigen, der missbraucht seine Mitmenschen.

Er wird früher oder später mit den entsprechenden Reaktionen auf sein Handeln und Tun konfrontiert. Immer gilt es, die spirituelle Würde jedes Einzelnen zu wahren, zu achten und zu schätzen. Jeder hat die Insignien der Einzigartigkeit, der Einmaligkeit in seinem Herzen und in seiner Seele eingepflanzt.

Übungen zum Gesetz der Entsprechung

Die Übungen zum Gesetz der Entsprechung sollen helfen, dieses Gesetz anzuwenden und zu vertiefen. In diesen Übungen werden anhand des Beispiels einer Beziehung die energetischen Interaktionen behandelt. Denn für jede funktionierende Beziehung spielt die energetische Interaktion eine maßgebliche Rolle.

Das Gesetz der Entsprechung in einer Beziehung

Alles, was wir denken, sagen und tun, wirkt sich über die morphogenetischen Felder holographisch auf alles, ganz besonders aber auf qualitativ ähnliche Energiefelder aus. Den meisten von uns ist nicht in vollem Umfang bewusst, welche Tragweite das Gesetz der Entsprechung hat. Aber bei vielen ist das Bewusstsein dafür immerhin schon sehr weit entwickelt.

Einer der interessantesten Vorteile der erhöhten energetischen Wahrnehmung ist die Fähigkeit, zu beobachten, was sich zwischen den Energiefeldern von Personen abspielt, die eine enge Beziehung miteinander haben. Beobachtet man das Energiefeld von zwei Personen, die in einer Partnerschaft leben, so ist das sehr aufschlussreich. Meistens wird eine wechselseitige Abhängigkeit erkennbar, die weit über das bisher Akzeptierte hinausgeht. Unabhängigkeit und Selbstständigkeit relativieren sich dadurch. Vor allem in der Phase der anfänglichen Verliebtheit ist zu beobachten, wie sich die Energiefelder förmlich durchdringen. Da ist eine große

Bereitschaft vorhanden, sich in den anderen einzufühlen, um ihn besser zu verstehen und mehr von seinem Wesen zu erspüren.

Diese energetische Offenheit ist im Alltagsgeschehen jedoch deutlich niedriger, was damit zu tun hat, dass man sich gegen ein Zuviel an energetischen Eindrücken schützen möchte. Passiert irgendwo eine Katastrophe, so spüren viele Menschen, die energetisch noch relativ offen sind, ein beunruhigendes Gefühl in der Magengegend, aber sie wissen nicht, woher es kommt.

Bei positiven Ereignissen kann es auch ein Gefühl der Freude und der Zufriedenheit sein, das uns unerwartet überkommt. Wir sind aber ganz besonders mit den Menschen energetisch verbunden, die uns nahestehen.

Auf der energetischen Ebene verlaufen die Grenzlinien ganz anders als im physischen Bereich. Sie sind fließend, und Grenzen werden schwerer wahrgenommen. Je stärker das Streben nach Individualität, umso besser können wir uns selbst und unser energetisches Umfeld wahrnehmen. Nur wer nach Individualität strebt, kann auch seine Einzigartigkeit erkennen.

Wer sich energetisch treiben lässt, merkt gar nicht mehr, wo die eigenen Interessen beginnen und wo sie enden. Auf der mentalen Ebene unterscheiden wir uns durch unsere Art zu denken. Ich denke anders als mein Partner, daher bin ich auch anders. Auf der emotionalen Ebene ist diese Unterscheidung weniger ausgeprägt. Partner haben sehr ähnliche Gefühle, aber die Gedanken zeigen, dass sie getrennte Wesen sind. Auf dieser Ebene besteht oft der Wunsch nach Einssein. Getrenntsein

wird manchmal sogar als Mangel empfunden. Im mentalen Bereich aber sind wir gewohnt, uns deutlich von anderen zu unterscheiden, eigene Gedanken und Ideen zu haben. Da ist das Ge-trenntsein viel selbstverständlicher als auf der emotionalen Ebene.

Wir fühlen uns in einer Beziehung sofort wohl, wenn wir merken: Hier passiert ein harmonischer Austausch von Schwingungen. Es gibt aber auch Zeiten, in denen die Energiefelder zweier Menschen aufeinanderprallen und es zu Interferenzen kommt, so als wenn man einen Lautsprecher oder ein Mikrofon übersteuert.

Solche Spannungen in den Energiefeldern können sehr unangenehm sein, da sie Ablehnung, Antipathie, Frust, Ängste und unbestimmtes Unwohlsein auslösen. Es kommt auch vor, dass zwei Menschen sich überhaupt nicht leiden können. Ändert sich das Energiefeld einer dieser Personen, kann sich auch die energetische Stimmigkeit zwischen ihnen ändern.

Kommunizieren zwei Menschen miteinander, so fließen große Mengen von Bioplasma zwischen den beiden. Bei zwei Verliebten ist das ausgetauschte Energievolumen entsprechend größer. Bei einer angenehmen Gesprächsatmosphäre fließt die Energie entspannt und gleichmäßig. Wird klare und intensive Energie ausgetauscht, fühlen sich beide Beteiligten wohl und erfüllt.

Manchmal kann man auch beobachten, wie zwischen zwei Menschen ein intensiver Energieaustausch stattfindet, wie die Energiefelder sich dementsprechend harmonisch anfühlen und wie die beiden trotzdem so tun, als wären sie nicht intim befreundet.

Hier handelt es sich um eine Beziehung, die geheim gehalten werden soll. Aber auf der energetischen Ebene gibt es diese Geheimnisse nicht.

Affirmationen zur Aura-Interaktion

Die Energieströme zwischen zwei Menschen kann man am besten im Zustand einer wachsamen Entspannung »erfühlen«. Menschen, die ein ähnliches Energiefeld aufweisen, also eine ähnliche Schwingungsfrequenz haben, fühlen sich zueinander hingezogen.

In einer Beziehung zwischen zwei Menschen gilt, dass das stärkere energetische Feld das schwächere stärker beeinflusst als umgekehrt. Deswegen machen Leute auch weite Reisen, um sich im energetischen Umfeld ihres »Gurus« aufzuhalten. Der Guru ist in der Regel jemand, der durch Meditation bereits ein starkes Energiefeld mit entsprechend hoher Frequenz aufgebaut hat. Diese »Devotees« (Jünger) sitzen dann im Energiefeld ihres Gurus, fühlen sich wohl und genießen die höhere Schwingungsfrequenz. Diese löst auch sehr oft Energieblockaden auf und bringt energetische Prozesse in Gang. Persönliche Entwicklungsprozesse können so angestoßen und beschleunigt werden. Prinzipiell gibt es drei Arten von energetischer Wahrnehmung, die bei den verschiedenen Menschen unterschiedlich stark ausgeprägt sind. Ähnlich wie bei den Fähigkeiten Hören, Sehen, Fühlen, Riechen und Schmecken wird bei der energetischen Wahrnehmung zwischen visueller, emotionaler und mentaler

Wahrnehmung unterschieden. Aber so wie das Sehen von Bildern während eines Traums nicht über die Augen erfolgt, so sind es auch bei der energetischen visuellen Wahrnehmung nicht die Augen, die wir für diese Art der Wahrnehmung benötigen.

Der Erfolg der Affirmationen zur Aura-Interaktion hängt von drei Faktoren ab:

Dem Wunsch, etwas wirklich zu wollen. Unter Wunsch ist allerdings weder das süchtige, besitzergreifende »Habenwollen« noch das nur auf Neugierde basierende »Wissenwollen« zu verstehen. Stellen Sie sich die Frage, ob Sie etwas wirklich wissen, sehen oder verstehen wollen.

Dem Glauben, etwas wirklich erreichen zu können. Fragen Sie sich: Glaube ich wirklich daran, mit dieser Fähigkeit etwas Sinnvolles erreichen zu können? Vertraue ich innerlich darauf, dass ich es wirklich energetisch wahrnehmen kann?

Dem Annehmen. Sie müssen bereit sein, den angestrebten Erfolg — nämlich etwas energetisch wahrnehmen zu können — auch anzunehmen. Sind Sie wirklich bereit, diese Fähigkeit zu besitzen und damit verantwortungsvoll umzugehen? Manchmal verfolgen wir Ziele und wollen sie eigentlich gar nicht wirklich erreichen. Wir machen nur mit, weil andere das erwarten, es gerade »im Trend« liegt oder weil uns der Weg dorthin Einsichten vermittelt.

Je klarer und entschlossener Sie etwas erreichen wollen, umso schneller und leichter stellt sich der gewünschte Erfolg ein. Affirmationen helfen dabei, solche Absichten zu

stärken. Hier die wichtigsten Affirmationen zum Gesetz der Entsprechung und zur Aura-Interaktion:

»Ich kann mir immer und überall bewusst machen, welche Energien zwischen Menschen fließen.«

»Ich kann spüren, welche Energien die gegenseitige Faszination auslösen.«

»Ich öffne mich ganz bewusst, damit ich energetische Verbindungen wahrnehmen kann.«

Sind zwei Personen sehr verliebt, so führt dies zu einem regen energetischen Austausch, dessen Ursprung die Energieströme des Herz-Chakras dominieren. Aber auch andere Ebenen lassen sehr oft eine intensive Beziehung zwischen zwei Personen erkennen. In der Umgebung von Verliebten fühlt man sich gleich sehr wohl. Menschen, die allerdings Angst davor haben, sich zu verlieben, verschließen sich dann meistens und nehmen eine kritisch-abwehrende Haltung ein. Ähnlich verhält es sich bei Menschen, die zu allem, was sie besitzen, eine intensive Zuwendung verspüren. Sie können sich für die Liebe nur dann öffnen, wenn sie die Person ihres Herzens auch »besitzen« können. Eine solche Beziehung funktioniert nur dann, wenn der andere neben Zuneigung vor allem materielle Sicherheit sucht. Wir können uns aber auch ganz bewusst dieser energetischen Wahrnehmung verschließen und uns ganz auf unser eigenes Energiefeld konzentrieren. Damit bleiben wir in unserer eigenen Energie und lernen, bewusst zu unterscheiden, wie sich unser Energiefeld anfühlt, und wie

es sich ändert, wenn wir mit anderen Personen in Kontakt treten.

Entstehende Konflikte sollten in einer Partnerschaft möglichst rasch gelöst werden, damit die energetische Beziehung wieder einwandfrei funktioniert. Nichts ist schlimmer als ein verschleppter Konflikt, der noch dazu nicht offen ausgetragen wird. Dann keimt und brodelt es unter dem energetischen Teppich. Aber gerade das sollte möglichst vermieden werden.

Hier ein Beispiel dafür, wie man es *nicht* machen sollte: Der Mann kommt von der Arbeit nach Hause und erklärt, er müsse sich von dem stressigen Arbeitstag bei einer Partie Tennis mit einem Freund entspannen. Die Frau, die sich schon darauf gefreut hat, von ihrem Mann bei der Betreuung der drei Kinder entlastet zu werden, lässt sich jedoch nichts anmerken und sagt, sie könne gut verstehen, dass er etwas Entspannung brauche. Insgeheim fühlt sie sich jedoch mit ihren Bedürfnissen und ihren partnerschaftlichen Ansprüchen — die sie ihm nicht mitteilt — zurückgesetzt und im Stich gelassen. Wenn er dann nach zwei Stunden wieder zu Hause ist, bekommt er ihren verdrängten Ärger zu spüren. Nicht, indem sie ihm klar sagt, dass sein Verhalten sie ärgert, sondern indem sie jede seiner Handlungen oder unterlassenen Handlungen sofort aus kritischer Perspektive interpretiert. Wenn er zur Tür hereinkommt, stört sie beim ersten Anblick bereits, dass er ganz verschwitzt ist, dass an den Tennisschuhen noch Sand vom Tennisplatz klebt und dass er auch noch vor Freude strahlt, schließlich hat er ja endlich einmal ein Match gewonnen.

Sie bemerkt zwar, dass alles, was sie beobachtet, ihre innere Gereiztheit verstärkt, aber trotzdem spielt sie die glückliche und zufriedene Frau, die sich immer nur das Beste für ihn wünscht. Für Nähe und Zärtlichkeit sind die Voraussetzungen damit an diesem Abend nicht mehr sehr günstig. Ihr Ärger, der aus ihrer Sicht gerechtfertigt ist, hält sie davon ab, sich ihm gegenüber zu öffnen. Er weiß zwar nicht, was da vor sich geht, aber unbewusst verschließt er sich.

Solche und ähnliche Situationen haben wir alle schon erlebt.

6
Das Erfolgsgesetz der Resonanz

Das Gesetz der Resonanz besagt: Gleiches zieht Gleiches an und wird durch Gleiches verstärkt. Ungleiches dagegen stößt einander ab. Die stärkere Energie setzt sich gegen die schwächere, die unklare, die in sich widersprüchliche durch.

Ebenso wie das Gesetz der Entsprechung führt das Gesetz der Resonanz dazu, dass die stärkeren Energiefelder die schwächeren mehr beeinflussen als umgekehrt. Diese Gesetze erfordern daher sehr viel Verantwortungsgefühl. In einer Gesellschaft, in der einige wenige immer mehr Macht und Reichtum anhäufen, sind soziale Verantwortung und soziale Selbstbegrenzung ein wesentliches Thema der kollektiven energetischen Entwicklung. Auch hier bewirkt das Gesetz der Resonanz, dass eine Verstärkung auftritt, die sich beschleunigt. Es bewirkt aber auch, dass sich die Pendelschläge von einer Richtung wieder in die andere bewegen und dass die Qualität der Energie sich sehr rasch verändert.

An den internationalen Börsen, die wirtschaftlich und damit auch stimmungsmäßig sehr viele Menschen indirekt beeinflussen, kann man folgendes Phänomen beobachten: In normalen Börsenphasen dominieren die langfristigen Anleger, die sich in einer Branche auskennen und über Chancen und Risiken informiert sind. Läuft die Börse gut, ist das aus der Sicht der Anleger der Fall, wenn die

Kurse überwiegend steigen, interessieren sich immer mehr Anleger für einen Börseneinstieg oder weitere Aktienkäufe. Dann erscheinen mehr Anleger am Börsenparkett, die sich nur noch an der Wertsteigerung (Shareholder-Value) orientieren. Diese Anleger sind bereits deutlich stärker von der Energie des »Bekommen-wollens« geprägt: Wie sie Geld »verdienen«, ist ihnen eigentlich egal, Hauptsache ist, es geht möglichst rasch.

Entwickeln sich die Kurse weiter günstig, dann steigen immer mehr kurzfristig und ausschließlich am Shareholder-Value orientierte Anleger auf den Erfolgszug auf, bis die Erfolge so deutlich ausfallen und in allen Medien davon berichtet wird, dass auch verstärkt Kleinanleger ihr Geld in Aktien anlegen, weil sie ebenfalls von den fantastischen Kurssteigerungen profitieren wollen. Die Kurse beginnen dann noch rascher zu steigen, Habsucht und Profitgier werden zur dominierenden Energie.

Dann kommt die Zeit, in der eigentlich klar ist, zumindest für die wirklich ökonomisch versierten Anleger, dass die Kurse zu hoch sind. Nun ist die Zeit reif für die professionellen »Abzocker«. Sie beginnen, Aktien und Devisen zu verkaufen, die sie gar nicht haben (»Shortselling«). Diese Papiere, die sie gar nicht haben, aber verkaufen, erzeugen im Markt den Eindruck, die Einstellung zu den verkauften Aktien unterliege einer fundamentalen Neubewertung. Aus Mangel an eigener Einschätzungsfähigkeit folgen viele mehr oder weniger blind diesem Trend. Damit beginnen auch die anderen »Investoren« zu verkaufen. Die Spekulanten können dann die Aktien, die sie bereits verkauft haben, »zurückkaufen«, aber zu einem nunmehr bereits deutlich niedrigeren Kurs.

Die letzten Phasen dieses Zyklus sind immer stärker von Habsucht und Raffgier geprägt. Von dieser energetischen »Stimmung« fühlt sich das — durch die Anonymität der Kapitalmärkte geschützte — organisierte Verbrechen angezogen. Auf *den* Märkten kann jetzt Drogengeld gewaschen und anderes schmutziges Kapital investiert werden. Die Mafiabosse beherrschen nämlich nicht nur das Drogengeschäft, den Menschenhandel und die Prostitution, sondern auch das Spekulieren auf den Finanzmärkten und das Geschäft mit Derivaten. Wo es förmlich nach raschem Profit riecht, sind alle, die von dieser Energie geprägt sind, auf dem Plan. Diese Energie wird immer stärker, seriöse Anleger fühlen sich dadurch immer weniger wohl und reagieren verunsichert. Da viele aber gar nicht sensibel genug sind, diese energetische Veränderung überhaupt »wahrzunehmen«, wird ihnen auch nicht bewusst, wann sich negative Energien zu verstärken beginnen.

Aus energetischer Sicht ist es interessant zu wissen, dass Spekulationswellen meistens durch negative Ereignisse ausgelöst werden. Kommt ein Land beispielsweise in Schwierigkeiten, weil ein Erdbeben ausbricht oder eine Flutkatastrophe das Land heimsucht, so haben viele Menschen Mitleid mit diesem Land und bieten ihre Hilfe an. Anders jedoch die Spekulanten: Sie riechen förmlich, wann man mit der Not der anderen etwas verdienen kann. Für sie gilt: »Des einen Leid ist des anderen Freud.« Aber nach Turbulenzen auf den internationalen Kapitalmärkten und nach dem reinigenden Gewitter kommt es auch jedes Mal wieder zu einer Phase der energetischen Normalisierung.

Wenn man die energetische Wahrnehmung schulen und lernen möchte, Energie für den eigenen Erfolg einzusetzen, ist es wichtig zu erkennen, mit welchen Energien man in den verschiedenen Situationen des Lebens konfrontiert werden kann.

Emotionale Resonanz

Das Gesetz der Resonanz unterstützt die Bildung von Trends, die meistens auf der emotionalen Ebene entstehen. Wenn eine ganze Epoche von einer bestimmten Emotion getragen wird, dann beruht das auf dem Gesetz der Resonanz. Auf lokaler und nationaler Ebene gibt es dafür zahlreiche Beispiele: der über Jahrhunderte gewachsene Hass in Nordirland, der seit Jahrzehnten lodernde Hass zwischen Israelis und Palästinensern, die jüngsten Rachefeldzüge der Amerikaner nach dem 11. September usw. Allen gemeinsam ist, dass die emotionale Energie aus vergangenen Ereignissen stammt, die manchmal schon Jahrzehnte oder noch viel länger zurückliegen. Besonders Spiralen von Gewalt führen zu emotionalen Resonanzen, die sich wechselseitig aufschaukeln und zu einem immer hemmungsloseren Einsatz von Gewalt führen. In den Dreißigerjahren des vorigen Jahrhunderts führte die durch wirtschaftliche Gier und Spekulation ausgelöste materielle Umverteilung zum Börsencrash in den USA und zu einer globalen wirtschaftlichen Depression. Darauf folgte der Zweite Weltkrieg mit einem unvorstellbaren Ausbruch

von Gewalt und unendlichem Leid in der ganzen Welt. Viele Menschen machten die bittere Erfahrung, dass man weder den Versprechungen der Wirtschaftsbosse noch den politischen Heilsversprechungen vertrauen darf. Nachdem alle Illusionen geplatzt waren und viele tiefe Enttäuschungen erlebt wurden, reifte bei den meisten Menschen die Einsicht, dass nun ein Neubeginn und das Aufgeben alter Vorurteile unausweichlich geworden waren. Erbitterte Feinde schlossen Frieden. Eine Phase des gemeinsamen Wiederaufbaus begann, abgesehen von vereinzelten Kriegen wie in Korea, Vietnam und im Nahen Osten, die die Vormachtstellung der USA untermauern sollten.

Die letzten beiden Jahrzehnte waren geprägt von einem Trend zu einer stärkeren eigenverantwortlichen Spiritualität. Statt Repräsentanten von Religionsgemeinschaften als Mittler zwischen Gott und dem Menschen anzuerkennen, stand für die spirituell Suchenden das Ziel im Vordergrund, sich selbst als Teil der Schöpfung zu sehen und das Potenzial in sich zu erkennen, Wege zur Einswerdung mit Gott und der Schöpfung zu finden.

Wie sehr der Einzelne von der energetischen Qualität seiner Zeit und seiner Umgebung bestimmt wird, zeigt Ihnen das folgende kleine Beispiel: An Ihrem Ferienort im Ausland sind Sie oft von der komplett anderen Energie begeistert und elektrisiert. Sie fühlen sich wie ein anderer Mensch. Aber meistens reicht diese energetische Stimmung kaum weiter als bis zur Ankunft zu Hause oder bis zum Arbeitsbeginn am Arbeitsplatz. Sie haben sich von der emotionalen Stimmung des anderen Landes, des Urlaubsortes oder der Feriengruppe

anstecken lassen. Doch kaum zurückgekehrt, beginnt sich diese Energie langsam, aber sicher zu verflüchtigen. Sie findet keine Resonanz mehr. Plötzlich ist man wieder ganz betriebsam und auf Pflichterfüllung eingestellt statt romantisch entspannt, und die Energien, die den Alltag bestimmen, sind wieder vorherrschend.

Wer in seinem Leben etwas verändern will, sollte versuchen herauszufinden, welche Energie in seiner Lebensumgebung vorherrscht, wie er mit dieser am besten umgeht und welche Energie bei der eigenen Schwingungsfrequenz am stärksten Resonanz findet. Oft sind auch energetisch neutrale Orte sehr vorteilhaft. Man wird in keine bestimmte energetisch vorherrschende Richtung gedrängt und fühlt sich entsprechend frei. Die emotionale Selbstbehauptung fällt einem sehr leicht; sie passiert fast wie selbstverständlich. Wer die energetische Wahrnehmung entwickelt, gewinnt ein umfassenderes Verständnis über sich selbst und die energetischen Gegebenheiten in seiner Umgebung. Dadurch ist es möglich, bewusster damit umzugehen.

Die vorherrschenden energetischen Muster eines Menschen eignen sich dazu, noch nicht erkannte Potenziale zu erforschen. Talentierte und begabte Menschen, die diese Talente auch umsetzen, zeichnen sich dadurch aus, dass sie eine ausgeprägte innere Führung besitzen und zielstrebig ihren einmal eingeschlagenen Weg gehen. Viele andere werden von entmutigenden Energien wie »das geht nicht, das kann ich nicht, das erspare ich mir, das bringt mir nur Enttäuschungen, das riskiere ich nicht« daran gehindert, ihr Potenzial voll zu entwickeln.

Wenn sich bei ihnen die verdeckten energetischen Potenziale durch Resonanz zu aktivieren beginnen, kommen sofort die energetischen »Killerenergien« und präsentieren ihre »Sicht der Dinge«. Da sich vieles auf der unbewussten emotionalen Ebene abspielt, findet eine konstruktive Auseinandersetzung oft nicht statt. Gibt es in den verschiedensten Bereichen der persönlichen Erfahrung eine Dominanz dieser »Killerenergien«, so treten diese auf Grund ihrer ähnlichen Schwingung in Resonanz miteinander und verstärken sich gegenseitig. Als Bekämpfung bietet sich vor allem die bewusste energetische Wahrnehmung an, die gezielt diese Killerenergien einzeln aufs Korn nimmt. Dadurch wird die sich gegenseitig verstärkende Resonanz abgeschwächt, und sobald der Kippeffekt erreicht ist, geht die Entwicklung in die andere Richtung, meistens viel rascher als angenommen.

Auf der energetischen Ebene verlaufen die Prozesse aufgrund des Gesetzes der Resonanz nicht linear, denn die Energien schaukeln sich zu einer positiven oder einer negativen Entwicklung auf. Dadurch bewirkt das Resonanzgesetz, dass mehr Aktivität hineinkommt. Haben sich Prozesse einmal gegenseitig verstärkt und beschleunigt, so ist eine Verzögerung sehr schwierig. Ein Mindestmaß an Entschlusskraft und Entscheidungswillen ist notwendig, wenn eine Umkehr erreicht werden soll. Aber eine entsprechend entschlossene Gegenhaltung kann sich auch sehr rasch wieder durchsetzen.

Wer in einer Beziehung mit einer bestimmten Schwingungsebene nicht klarkommt, also zum Beispiel emotionalen Auseinandersetzungen aus dem Weg geht und sich auf

die mentale Ebene zurückzieht, entzieht auch dem Partner die Möglichkeit zu einer Klärung. Resonanz wird dadurch unterbunden. Aber wo sich keine Resonanz entfaltet, fühlt sich jeder früher oder später allein gelassen. Es fühlt sich für beide so an, als ob der andere nicht mehr greifbar und in eine andere Dimension entschwunden wäre. Jeder befindet sich auf einer anderen Schwingungsebene. Energetisch gesehen, handelt es sich um eine blockierende Abwehrhaltung. Das Verbindende wird nicht mehr wahrgenommen.

Wer sich emotionalen Schwingungen gegenüber stärker öffnet, als das bisher der Fall war, ist gut beraten, diesen Vorgang ganz bewusst zu beobachten. Denn Beobachten ist ein mentales und in dieser Situation neutralisierendes Verhalten; es verhindert, dass Emotionen, denen man sich öffnet, das eigene Gefühlsleben plötzlich energetisch überschwemmen. Sich emotional für neue Strömungen zu öffnen sollte bewusst und eigenverantwortlich vor sich gehen.

Interessant ist in diesem Zusammenhang die weiter vorn erwähnte Untersuchung von Psychologen (vgl. Kap. 4), in der folgende Anekdote erzählt wurde: Mehrere Fachpsychologen einer holländischen Universität gingen auf dem Weg vom Parkplatz zum Fußballstadion mitten unter einem Rudel von Hooligans. Die Psychologen verhielten sich »ruhig und gesittet, wie üblich«. Plötzlich bemerkte einer eine leere Bierdose und trat nach ihr. Weder der »Schütze« selbst noch seine Kollegen konnten sich erklären, warum er sich zu diesem Verhalten hinreißen ließ. Die Anekdote wurde im Zusammenhang mit einer Untersu-

chung darüber, wie »Vorbilder« uns beeinflussen, berichtet (mehr darüber im folgenden Abschnitt über mentale Resonanz). Die Fachpsychologen nahmen sich aber die Hooligans nicht als »Vorbilder«, sondern sie befanden sich vielmehr in deren Energiefeld und akzeptierten unbewusst die dort vorherrschende Schwingung.

Jeder kennt vermutlich dieses Gefühl: Man geht in die Kirche, und auf einmal befindet man sich in einer besinnlichen Stimmung. Man ist in ein Energiefeld gekommen, das von Besinnlichkeit geprägt ist.

Nur wenige bemerken diese Änderung ihrer Stimmungslage ganz bewusst. Die meisten hängen noch ihren Gefühlen nach, doch so allmählich werden auch sie von dieser Atmosphäre erfasst.

Man lässt die Energien auf sich einwirken, und schon ist man emotional integriert, ohne sich jemanden zum Vorbild zu nehmen und ohne eine bewusste Entscheidung getroffen zu haben.

Die Erfahrung der Arbeit mit Gruppen zeigt immer wieder, dass Gefühle, die in Gruppen aktiviert werden, sich übertragen, wenn sie intensiv genug sind. Man kann eine Art »emotionaler Ansteckung« beobachten, die sich bei entsprechender Intensität rasch auf alle Beteiligten ausbreitet. Trotzdem ist es möglich, ganz bewusst gegenzusteuern, wenn man diese Stimmung ablehnt. Das führt zu »Reaktanz«, wie Psychologen das bezeichnen. Darunter versteht man ein Verhalten, das bei der Konfrontation mit einer Emotion diese ablehnt und die genau gegenteilige Emotion entwickelt.

Grundsätzlich reagiert jeder Mensch anders auf seine Mitmenschen. Da gibt es solche, die eine starke emotionale Panzerung entwickeln, um sich vor unangenehmen Gefühlen zu schützen. Diese Personen scheinen auf emotionale Stimmungen nicht zu reagieren. Aber das stimmt nur zum Teil. Wer genau beobachtet, erkennt, dass diese Menschen ihre emotionale Abwehr verstärken, sobald sie intensive Gefühle anderer spüren.

Dann gibt es Menschen, die Gefühle förmlich in sich hineinsaugen. Es tritt ein Gefühl auf, erreicht eine bestimmte Intensität, und schon sind sie voll und ganz darin aufgegangen. Sie können diese Gefühle beschreiben und Erlebnisse erzählen, die diese Gefühle bei ihnen bewirkt und aktiviert haben. Es tun sich ganze Erlebniswelten auf, und spannende oder dramatische Lebensgeschichten kommen an die Oberfläche. Die Emotionen können so stark werden, dass sie kaum unter Kontrolle zu halten sind. Man kann dann beobachten, dass diese Emotionen eine Intensität erreichen, die den Betroffenen voll und ganz erfasst. Dabei kann die emotionale Konfrontation innerhalb des Energiefeldes dieser Person sich wie ein emotionales Gewitter entladen. Prinzipiell gilt, man sollte sich bewusst nur auf eine solche emotionale Erfahrung einlassen, die noch kontrolliert werden kann.

Positive Grundemotionen und das bewusste positive Einstimmen auf den Erfolg sind die grundlegenden Bausteine, um ein Erfolgsbewusstsein zu entwickeln. Jeder auch noch so kleine Erfolg, den man ganz bewusst als Erfolg erlebt und würdigt, trägt dazu bei. Wer diese Grundhaltung aufbauen möchte, benötigt erst einmal Anfangserfolge. Darüber hinaus

müssen alle bisherigen Erfolge gewürdigt werden. Es ist aber auch wichtig, an Menschen zu denken, die die Erfolge, die sie anstreben, bereits realisiert haben. Darauf wird bei der Behandlung der mentalen Resonanz noch genauer eingegangen.

Mentale Resonanz

Wenn man das Gesetz der mentalen Resonanz bewusst einsetzt, kann man eigene Fähigkeiten ganz einfach steigern. Wer zum Beispiel ein bestimmtes Problem lösen will, ist gut beraten, sich zuerst auf eine Person zu konzentrieren, die für diese Lösung über eine ganz besondere Kompetenz verfügt. Die mentale Resonanz führt dann dazu, dass man sich auf die gleiche mentale Ebene begibt und damit eine gesteigerte Lösungskompetenz entwickelt.

Die erwähnte psychologische Untersuchung zeigt sehr gut, dass auch Personen, die die geistigen Erfolgsgesetze nicht als Grundlage ihrer Forschungstätigkeit betrachten, zu Ergebnissen kommen, die diese Gesetze bestätigen. Es wurde untersucht, wie sich das Konzentrieren auf unterschiedlich qualifizierte Personen auf anschließend durchgeführte Tests auswirkt. Studenten mussten an einem Computer Fragen beantworten. Eine Gruppe wurde aufgefordert, vor dem Test an niemanden oder an die Sekretärin zu denken. Die Sekretärin wurde dabei als nicht kompetent für die Beantwortung der Fragen angesehen. Die zweite Gruppe wurde aufgefordert, sich einen Professor vorzustellen: Wie verhält er sich, wie lebt er, welche

Eigenschaften machen einen Wissenschaftler aus? Der Test ergab, dass die Studenten, die sich einen Professor vorstellten, deutlich bessere Ergebnisse erzielten als die Gruppe, die an niemanden oder an eine Sekretärin mit durchschnittlicher Intelligenz dachte. Im nächsten Test sollte sich eine Gruppe vor Beantwortung der Fragen auf Hooligans konzentrieren, die als dumm und primitiv angesehen wurden. Es stellte sich heraus, dass diese Gruppe erheblich schlechter abschnitt als die, die sich auf einen Professor konzentrierte, und ebenso deutlich schlechter als die, die an niemanden dachte bzw. an eine durchschnittlich intelligente Sekretärin.

Wenn die Konzentrationsübungen auf das jeweilige »Vorbild«, die vor dem Test durchgeführt wurden, zehn Minuten dauerten, waren die Unterschiede noch deutlicher als bei einer nur kurzen Konzentrationsdauer von zwei Minuten. Die Effekte hielten sich dabei über eine Versuchsdauer von vier Stunden.

Die Versuchspersonen bemerkten selbst gar nicht, dass sich die Konzentrationsübungen auf ihre Leistungen auswirkten. Die Übungen und der anschließende Test wurden als zwei unabhängige Ereignisse dargestellt. Sogar die anschließende Befragung, ob sie durch die Konzentrationsübungen beeinflusst worden sein könnten, beantworteten sie negativ. Für die Erklärung dieses Phänomens wurde dann überlegt, ob die Vorbildwirkung eines Professors ausschlaggebend für die Ergebnisse sein könnte. Eine plausiblere Erklärung für das beobachtete Phänomen liefert das Gesetz der Resonanz.

Wer akzeptiert, dass sich energetische Wellen ausbreiten und von den verschiedenen Individuen aufgenommen,

verstanden und entschlüsselt werden können, wie das bei Rundfunk und Fernsehen der Fall ist, der wird erkennen, dass es sich hier um Phänomene auf der energetischen Ebene handelt. Uns interessiert in diesem Zusammenhang der praktische Nutzen dieser energetischen Gesetze und wie man sie nutzen kann, um sich selbst weiterzuentwickeln und angestrebte Ziele zu erreichen.

Wenn wir beispielsweise lernen wollen, mit anderen Menschen besser umzugehen und unsere Menschenkenntnis zu verbessern, projizieren wir diese Ziele auf unsere innere Leinwand und versuchen, uns auf die energetische Qualität dieser Ziele einzustimmen.

Spirituelle Resonanz

Alle unsere Wertvorstellungen und Ziele brauchen einen spirituellen Bezug, eine spirituelle Verankerung und damit eine spirituelle Resonanz. Denn alles, was wir uns zu verwirklichen vornehmen, was wir erreichen und umsetzen möchten, erzeugt auf der entsprechenden Ebene eine Resonanz. Die spirituelle Resonanz ist quasi das Feedback, das wir auf der energetischen Ebene erzielen können.

Jeder zieht das an, was seiner derzeitigen Schwingung entspricht. Spirituelle Leere zieht spirituell Leeres an. Unser spirituelles Sein bestimmt unser spirituelles Bewusstsein. Das, was wir in uns spirituell zum Schwingen bringen, kommt mit den entsprechenden Schwingungen in Re-

sonanz. Es ist also ganz entscheidend, welche Pfade wir beschreiten, welche Wege wir einschlagen und welche Ziele wir ansteuern. Denn alles das, was wir auf unseren Wegen in Schwingung bringen, kann Resonanz bei uns finden und sowohl die Intensität als auch die Qualität unserer Energie steigern.

Zu den Wegen, die wir beschreiten, führen uns unsere Sehnsüchte, Wünsche und Vorstellungen sowie die Quelle unseres Seins, unser göttlicher Funke. Wir bestimmen bewusst oder unbewusst, welchem Bereich wir uns öffnen und zuwenden. Alle diese Entscheidungen können wir aktiv ansteuern oder uns passiv von ihnen treiben lassen. Je mehr wir uns für unsere Entscheidungen verantwortlich fühlen, umso mehr gestalten wir unser Leben. Aber ohne Mühe und Ausdauer sind auch die spirituellen Erfolge nicht zu erreichen.

Auch große spirituelle Führungspersönlichkeiten mussten Um- und Irrwege beschreiten, bevor sie den für sie richtigen spirituellen Weg gefunden haben. Entscheidend ist, dass wir unbedingt dorthin wollen und die Hoffnung nie aufgeben, den unserem Wesen entsprechenden Weg zu finden und zu beschreiten. Alles, was uns auf diesem Weg begegnet, dient uns zur persönlichen Reifung und spirituellen Entwicklung.

Es gibt viele Wege. Die Wege sind zwar ähnlich, und sie führen zum gleichen Ziel, aber wir sind alle verschieden, und jeder muss den Weg finden und beschreiten, der seinem Wesenskern entspricht. Ab einem bestimmten Abschnitt dieses Weges ist jeder auf sich allein gestellt, und jeder

muss für sich allein die Verantwortung übernehmen und Entscheidungen treffen.

Doch das gilt nur für den letzten Teil unseres Weges. Solange wir uns noch nicht in Gipfelnähe befinden, können wir voneinander lernen, uns gegenseitig unterstützen und von den Erfahrungen der anderen profitieren. Dieser Teil des Weges führt uns zu unserer spirituellen Autonomie und zu unserem spirituellen Selbstbewusstsein.

In dieser Phase der Entwicklung ist es für viele hilfreich, sich mit Gleichgesinnten, spirituell Orientierten, zu treffen und eine entsprechende Lebenseinstellung zu entwickeln. Wichtig ist die Sehnsucht nach spirituellem Bewusstsein, die Sehnsucht, uns selbst zu finden und zu erkennen. Dann werden wir durch das Gesetz der Resonanz zu den für uns passenden Lehrern, Ideen, Büchern, spirituellen Energieträgern und Gruppen geleitet, die unserem momentanen Entwicklungsstand am meisten förderlich sind.

Übungen zum Gesetz der Resonanz

Die stärkste Resonanz mit allem, was für uns wichtig ist und was unser Leben bestimmt, erreichen wir, wenn wir uns auf unseren Wesenskern konzentrieren. Das körperliche Zentrum unseres Wesens befindet sich etwa 4 cm oberhalb des Nabels. Wenn wir uns in der Meditation ganz bewusst auf diesen Punkt konzentrieren, lernen wir verstärkt, mit unserer Wesensidentität in Kontakt zu kommen. Bei dieser Form der Resonanz geht es um die Stärkung der Eigenverantwortlichkeit.

Die Übungen führen in einen neuen Seinszustand hinein, der darauf beruht, dass Kraft und Verantwortung im eigenen Inneren berührt und gestärkt werden. Wenn wir erkennen, dass es möglich ist, in unserem Inneren den Kontakt zum göttlichen Willen herzustellen, ist es auch möglich, uns in Übereinstimmung mit diesem göttlichen Willen in uns zu bringen.

Es gibt also nichts, wogegen wir ankämpfen müssten, sondern nur etwas, mit dem man sich in Einklang bringen sollte.

Was gebraucht wird, ist die Erkenntnis, dass unser Wille gut ist und wir uns mit ihm verbinden können. In Lebensbereichen, in denen wir Schmerz und Schwierigkeiten erleiden, haben wir aus Angst gehandelt und sind nicht unserem inneren göttlichen Willen gefolgt. Da ist die Unsicherheit, nicht zu wissen, was man tun soll, und man macht dann genau das, wovon man erwartet, dass es anderen Menschen gefallen könnte.

Wie wir lernen, Energien in uns zu wecken

Die beste Art und Weise, mit den für uns relevanten Energien in Resonanz zu treten, besteht darin, in Kontakt mit unserem göttlichen Wesenskern zu kommen. Wichtig ist es dabei, zu verstehen, dass der göttliche Wille nicht dadurch in unser Leben tritt, dass wir uns einer äußeren Macht unterwerfen und von nun an Befehlsempfänger sind, sondern dass wir uns im Gegenteil auf den Willen Gottes einstellen, der aus dem eigenen Herzen kommt und auf unser Lebensziel und unsere Lebensaufgabe abgestimmt ist.

Wer der Spiritualität in seinem Leben größeren Raum geben möchte, der muss sich im ersten Schritt vornehmen, sich für diese Energien zu öffnen und zu spüren, in welchen Bereichen gegen diese Absicht Widerstände vorhanden sind.

Alle erfolgreichen Unternehmen erarbeiten jährlich eine Ziel- und Erfolgsplanung. Planen bedeutet jedoch nicht nur, sich etwas für die Zukunft zu überlegen, um es dann wieder zu vergessen. Planen bedeutet, die Energien in eine bestimmte Richtung zu lenken. Legen auch Sie sich einen Plan für die nächsten zwölf Monate zurecht. Damit diese Planung energetisch wirksam wird, kommt es darauf an, Ihre Talente und Interessen zu erkennen und zu mobilisieren. Jeder erreicht besonders dann viel, wenn er ganz »er selbst« sein kann und die Aufgaben übernimmt, die er am liebsten macht.

Überlegen Sie sich, was Sie in den letzten zwölf Monaten alles erreicht haben. Dadurch wird Ihnen bewusst, welche Rolle Sie spielen, welche Sie verändern wollen und worauf Sie mehr Wert legen sollten. Aus dieser positiven

Bestandsaufnahme mobilisieren Sie die Energien für die Rollen, die Ihnen besonders wichtig sind: Ehepartner, Liebhaber, Karriere, Freizeitsportler, Mutter, Vater, Autor etc. Stellen Sie sich vor, wie Sie sich fühlen, wenn Sie diese oder jene Rolle verstärkt wahrnehmen oder diesen oder jenen Schwerpunkt setzen. Dann überlegen Sie sich, wie viel Zeit Sie dafür aufwenden wollen. Was erscheint weniger wichtig, und wo kann Zeit eingespart werden.

Im nächsten Schritt gilt es, sich klare Vorstellungen zu machen von dem, was man erreichen möchte. Es empfiehlt sich dann, dies auch Freunden und vertrauten Gesprächspartnern zu vermitteln. Denn dann kommt die Phase der Umsetzung.

Den »inneren Schweinehund« überwindet man am besten, indem man sich einen Partner sucht, dem man seine Ziele mitteilt und den man über die Fortschritte unterrichtet. Man muss diesem nur klar zu verstehen geben, dass Kritik und kontrollierende Fragen erwünscht sind.

*Wie wir uns mit dem göttlichen Funken
in uns verbinden*

Mit den folgenden Affirmationen können Sie der Verbindung zum göttlichen Funken in Ihrem Leben den Raum geben, der Ihre Entwicklung auf die Bahn bringt, die Ihrem innersten Wesenskern entspricht.

»Ich bin wirklich, ich bin wirklich, ich bin ich.«
»Ich verbinde mich mit dem Willen Gottes in meinem Herzen.«
»Ich verdiene das Beste in meinem Leben.«
»Ich diene dem besten Ziel in meinem Leben.«

In Resonanz mit der göttlichen Liebe Ziele verwirklichen

Sagen Sie sich selbst: »Mein Herz wird zum Resonanzkörper für die göttliche Liebe, und so erfahre ich die Führung, die mich mit meiner Lebensaufgabe und meinen Lebenszielen verbindet. Dadurch bringe ich mehr Harmonie und gleichzeitig mehr Struktur und Zielorientierung in mein Leben.«

»Gesundheit, Zufriedenheit und das Wissen, im Einklang mit den göttlichen Gesetzen zu handeln, verschaffen mir die nötige Energie, die ich brauche, um die Aufgaben zu erfüllen, die ich mir gestellt habe.«

»Die Visionen, die ich noch verwirklichen will, und die konkreten Handlungen, die ich unternehme, stehen in einem sinnvollen Verhältnis zueinander.«

Die Erfahrung zeigt, dass es vor allem ein Gefühl gibt, das uns hindert, uns selbst und anderen zu helfen: die »mangelnde Liebe«.

Jede Erfahrung, von jemandem zurückgewiesen, beleidigt, nicht geschätzt oder verletzt zu werden, wird nicht von anderen verursacht. Sie bewirkt nur, dass wir uns von der fundamentalen Quelle der Liebe getrennt fühlen. Das führt dazu, dass wir uns ungeliebt, ja sogar wertlos fühlen. Die

Ursache liegt aber darin, dass es uns an Vertrauen mangelt, uns als wunderbare, einzigartige Lebewesen anzunehmen. Das, was wir *uns* selbst vorenthalten, verweigern wir auch anderen. Weil wir uns selbst Liebe verweigern, sind wir auch nicht in der Lage, andere bedingungslos zu lieben.

Geliebt zu werden gibt uns ein Gefühl der Selbstsicherheit und alles unter Kontrolle zu haben. Fühlen wir uns ungeliebt, so fühlen wir uns auch machtlos und versuchen, andere zu kontrollieren. Ähnlich ist die Situation, wenn wir einen »Mangel an Einfluss« empfinden, denn dann fühlen wir uns übergangen und reagieren ablehnend.

Hier eine Übung, um in vier Schritten in Resonanz mit der göttlichen Energie der Liebe zu kommen:

1. Schritt: Entspannung
Indem Sie sich entspannen, die Augen schließen, die Aufmerksamkeit nach innen richten und darauf achten, dass Sie gleichmäßig ein- und ausatmen, spüren Sie, wie sich diese Gefühle der Entspannung in Ihrem ganzen Körper ausbreiten.

2. Schritt: Sich durch Imagination mit der göttlichen Energie der Liebe verbinden
Indem Sie sich weiter entspannen und gleichmäßig ein- und ausatmen, richten Sie Ihre Aufmerksamkeit auf den Punkt zwischen Ihren Augenbrauen und visualisieren Ihre Atmung. Stellen Sie sich nun Situationen vor, die Ihnen das Gefühl vermitteln, dass Liebe und Anerkennung im

Überfluss vorhanden sind. Haben Sie dabei Geduld mit sich, wenn diese Bilder nicht gleich auftauchen. Schieben Sie störende, ablenkende Gedanken beiseite. Spüren Sie die energetischen Qualitäten, die durch diese Vorstellungen frei werden, und geben Sie ihnen Raum, damit sie sich in alle Zellen Ihres Körpers ausbreiten können.

Wenn Sie diese Energien in sich wachgerufen haben, können Sie sich mit noch stärkeren Energien der gleichen Qualität im Universum verbinden, da Sie nun auch die innere Bereitschaft haben, sich für diese Energien zu öffnen.

Auf der energetischen Ebene funktionieren wir ähnlich wie ein Radio: Wenn die richtige Frequenz eingestellt ist, steht dem Empfang aus den unterschiedlichsten Bereichen nichts mehr im Wege.

Mit Ihrer Vorstellungskraft bestimmen Sie die Energiequalität, mit der Sie sich verbinden.

3. Schritt: Aus dieser Verbindung heraus eigene Ziele visualisieren

Nun können Sie damit beginnen, sich für diese energetischen Qualitäten noch weiter zu öffnen.

Je konkreter Ihre Vorstellungen sind, umso deutlicher werden Sie diese Energiequalitäten wahrnehmen. Üben Sie jetzt, Ihre Wunschziele zu visualisieren.

Stellen Sie sich alles genau so vor, wie Sie es sich wünschen. Spüren Sie dabei, welche Gefühle dabei auftauchen. Dadurch wird Ihnen auch bewusst, welche Bedürfnisse Sie mit diesen Zielen verbinden. Wenn Sie Ihre Ziele fest in Ihrem Bewusstsein

verankert haben, können Sie damit beginnen, sich einen Plan zu machen, um Ihre Ziele auch tatsächlich zu erreichen.

4. Schritt: Einen Plan zur Verwirklichung der Ziele machen
Die Kunst des Planens besteht darin, sich realistische Ziele zu setzen und zu erkennen, dass nicht der gerade Weg der rascheste ist, um ans Ziel zu kommen. Niemand wird in einer Großstadt auf die Idee kommen, einen geraden Weg zu einem anderen Stadtteil wählen zu wollen, denn dazu müsste er über Häuser, Zäune und Fabrikanlagen klettern.

Planen ist eine Kunst, die konzentriertes nüchternes Denken erfordert, damit Sie sich Schritt für Schritt Ihrem Ziel nähern können. Das heißt, Sie müssen bereit sein, die Zeit und Energie aufzuwenden, die erforderlich sind, um Ihr Ziel zu erreichen. Dabei hilft vor allem ein Grundsatz: Viele kleine Schritte sind viel leichter zu bewerkstelligen als ein großer Sprung.

7
Das Erfolgsgesetz der Harmonie

Dieses Gesetz gleicht die verschiedenen Wirkungen der anderen Gesetze wieder aus. Es gibt den Menschen das Gefühl, in dieser Welt sollten Gerechtigkeit und Ordnung herrschen, und dies soll vor allem durch Einsicht erreicht werden. Dieses Gesetz ist deshalb auch so wichtig, weil es im Prinzip auf allen Ebenen verankert ist. Das Gesetz der Harmonie impliziert, dass es einen Zustand des Ausgleichs und der Gerechtigkeit gibt. Nach deutlichen Abweichungen kehrt man wieder auf diesen goldenen Mittelweg zurück.

Das Gesetz der Harmonie lässt Menschen oft ihr ganzes Leben auf diese Energie ausrichten. Aus dieser Energie der Harmonie entstanden die vielen verschiedenen Einrichtungen auf dieser Welt, die Abweichungen tolerieren und dafür sorgen, dass die Harmonie bei aller Verschiedenheit erhalten bleibt. Auch wenn eine Ehe geschieden wird, ist es wichtig, für die gemeinsamen Kinder zu sorgen. Außerdem ist es wichtig, sich nach einer entscheidenden Trennung so auseinanderzusetzen, dass ein Miteinander in wichtigen Bereichen trotzdem möglich wird.

Wer dieses Gesetz missachtet, wird bald zu spüren bekommen, wie ihm die wohltuende Energie der Harmonie immer mehr fehlt, wie sich diese Energie aus immer weiteren Bereichen seines Lebens verabschiedet. Wer durch Habsucht und Raffgier ein ansehnliches Vermögen ergattert hat, macht

dann die Erfahrung, dass er sich zwar sehr viel Angenehmes und das Leben Verschönerndes kaufen kann, aber er merkt auch, dass etwas Entscheidendes fehlt. Wer das Gesetz der Harmonie verletzt, wird auf der Bewusstseinsebene dadurch bestraft, dass ihm diese Energie der Harmonie abhandenkommt. Andere energetische Tore öffnen sich, und all die Energien der Missgunst der Geschädigten, der Wut von Gedemütigten treten in sein Energiesystem ein. Das energetische Umfeld wird immer zerrütteter, andere spüren diese emotionale Disharmonie und gehen von nun an auf Distanz zu ihm. Der Prozess der energetischen Isolation beginnt. Dann folgt die energetische Mauerbildung. Zuerst Abwehr, dann Isolation, und daraus resultieren schließlich die emotionalen und mentalen Mauern.

Das Gesetz der Harmonie bleibt immer gegenwärtig, in welchem energetischen Zustand wir uns auch befinden mögen, und es kann bei entsprechender Pflege und Hinwendung wieder zu deutlich spürbarem Erleben erweckt werden. Es ist die Sehnsucht, die in jeder Seele schlummert, und der Weg zu mehr energetischem und körperlichem Wohlbefinden.

Das technisierte Zusammenrücken der Menschen durch Fernsehen und Internet befriedigt das Informations- und Wissensbedürfnis nur auf sehr oberflächliche Weise. Energetisch bewirken diese Medien bei vielen Menschen, dass sie sich aus dem Alltagsgeschehen zurückziehen. Sie schalten auf der energetischen und mentalen Ebene ab. Fernsehen macht in der Regel passiv. Es entspannt, die äußerlichen Aktivitäten werden fast auf null zurückge-

schraubt, meistens lenkt nur unbewusstes Naschen kurzfristig ab. Aber bei den meisten Programmen kommt der Mensch in einen nur quasi entspannten hypnotischen Zustand, er wird energetisch ganz an das Programm angeschlossen. Über mehrere Stunden pro Tag kann das zu einem Suchtverhalten führen. Denn diese Entspannungsphasen, die dadurch eingeleitet werden, dienen nicht der psychischen Regeneration, sondern nur der körperlichen. Der Mensch entfernt sich dabei immer mehr von der Wahrnehmung seiner eigenen Bedürfnisse.

Viele Menschen sind auf der Suche nach der richtigen Rolle, dem Lebensstil, der dem Zeitgeist entspricht, der Identität, die am meisten Erfolg verspricht. Aber dabei wird eines übersehen: Jeder Mensch kommt schon mit bestimmten Talenten und Eigenschaften in diese Welt. Wer den von der Werbung und den Lifestyle-Propheten angebotenen Identitäten nacheifert, vergisst seine eigenen Begabungen. Wir dürfen die Entwicklung unserer Potenziale nicht der Werbeindustrie opfern und darüber die Suche nach der eigentlichen Berufung, nach unserem eigenen Schicksal vergessen. Die angebotenen Identitätsmodelle nutzen meistens den Anbietern mehr als denen, denen sie angeboten werden. Die kommerziell propagierten Identitätsmodelle sind immer bruchstückhaft, decken nur einen Lebensbereich ab und berücksichtigen die eigenen Begabungen und Veranlagungen nicht.

Picasso sagte: »Ich entwickle mich nicht, ich bin.« Dieses Erkennen des eigenen Ich bleibt sehr oft auf der Strecke. Schon von Kindesbeinen an gibt es meistens eine Umge-

bung, die alles daransetzt, zu beweisen, wie nichtig oder wie falsch man als Kind ist. Die Erziehungsstrategie, Kindern beizubringen, dass sie sich nach den (meist unbewussten) Idealbildern der Erziehenden zu richten hätten, ist weit verbreitet.

Das Gesetz der Harmonie besagt also, dass die vorhandenen Begabungen und Veranlagungen sich frei entfalten müssen. Nur wenn man sich diesen mitgegebenen Energiepotenzialen nicht verschließt, spürt man das angenehme Gefühl der Harmonie in sich, das eben nur dieses »Einssein-mit-sich-selbst« bewirkt. Faule Kompromisse, die eingegangen werden, um Konflikte zu vermeiden und somit Harmonie zu erreichen, sind falsch. Die Fundamente, auf denen sich Harmonie entwickelt, müssen tragfähig sein. Wer auf Sand und Schotter baut, darf sich nicht wundern, wenn der Bau eines Tages zusammenbricht.

Wer sich jedoch genügend Zeit und Ruhe nimmt, um seine Aufmerksamkeit auf sich selbst zu richten, wird sehr bald erkennen, dass sich hier Welten auftun, verschüttete und unerwartete. Wir beginnen dann, unserem Schicksal gegenüber offen zu sein. Unsere Begabungen sind Aufgaben, unsere Talente sind Verpflichtungen. Wir haben die Verantwortung, daraus etwas zu machen. Talente sind die Felder, die wir bepflanzen und pflegen müssen. Denn wir können nur das ernten, was wir auch säen. Der Ernteertrag zeigt uns, wie wir mit unseren Talenten umgegangen sind.

Wer seinen Begabungen nicht nachspürt, wer schon im Vorfeld der ersten Anstrengungen zur Entwicklung dieser Begabungen resigniert, dem fließt einfach immer mehr

Energie der Resignation zu. Wir müssen erkennen, dass diese Energie nichts anderes ist als ein negatives Gefühl, das uns dazu anregen soll, das Verhalten zu ändern. Wer hier in die Selbstmitleidsfalle tappt, befindet sich in einem Circulus vitiosus, das heißt, er geht im Kreis und findet nicht den Ausgang.

Aber die Energie der Resignation ist eine Sackgasse, aus der es einen Ausweg gibt: wieder zurück zum Ausgangspunkt. Dort angelangt, ist es notwendig, sich nun für einen anderen Weg zu entscheiden. Wer dagegen im Labyrinth der Resignationsgefühle verharrt und diese Energie weiter hegt und pflegt, beginnt sich seine Sicht immer mehr zu verbauen. Da hilft nur noch das Gefühl: Hier will ich unter allen Umständen heraus. Es ist gefährlich, sich mit Gleichgesinnten zu umgeben, die alle sagen: Nichts geht mehr, schuld daran sind die anderen.

Wer Harmonie in sich und seiner Umgebung und auch in der Gesellschaft, in der er lebt, verankern möchte, zu seinem Wohl, zum Wohle der anderen und der Gesellschaft insgesamt, muss zunächst die Wurzeln der Disharmonie erforschen. In der Gesellschaft und in der Wirtschaft spielen vor allem die Raff- und die Machtgier eine herausragende Rolle. Sie bilden eine unübersehbare Energiequalität in Politik und Wirtschaft und werden in den Medien sehr oft zu positiv dargestellt. Aber diese Energien wirken der Harmonie in größerem Rahmen entgegen. Macht-und Vermögens-Ungleichgewichte, die ohne Harmonie durchgesetzt wurden, sind in der Familie, im Beruf und in der Gesellschaft immer ein Problem, besonders wenn Macht nicht

kontrolliert und Habgier nicht begrenzt wird. Zu viel Macht verursacht zu viel Ohnmacht, zu viel Habsucht erzeugt zu viel Armut und Ungerechtigkeit. Das sind die zwei Seiten von ein und derselben Medaille.

Harmonie auf der emotionalen Ebene

Harmonie auf der emotionalen Ebene ist wunderschön, wenn sie einmal erreicht worden ist, während Abwesenheit von Harmonie das Leben auf der emotionalen Ebene unerträglich machen kann. Wer ständig mit aggressivem Verhalten und entsprechender Ausstrahlung konfrontiert wird, fühlt sich in dieser Umgebung ausgezehrt und ausgelaugt.

Um auf der emotionalen Ebene Harmonie zu erreichen und zu erhalten, gilt es vor allem, das impulsive Verhalten zu kontrollieren. Sehr oft kommt es vor, dass Menschen über Talente und Begabungen verfügen und zu ausgezeichneten Leistungen fähig wären, diese Leistungen aber nicht erbringen, weil sie zu impulsiv und unüberlegt handeln.

Die divergierenden emotionalen Energien in Harmonie zu bringen bedeutet, Impulsivität in konstruktive Bahnen zu lenken, um optimale Leistung zu ermöglichen. Die Energie der Impulsivität behindert den klaren Verstand und die mentale Leistungsfähigkeit.

Ist die Energie der Impulsivität zu stark präsent, beginnt sie, die Energien in den anderen Bereichen zu dominieren.

Ähnlich verhält es sich, wenn die Energie der Unsicherheit zu ständigem Nachdenken über ein und dasselbe Problem führt, ohne dass es zu einem Abschluss, einer Entscheidung kommt.

Wem es gelingt, auf der emotionalen Ebene für entsprechende Harmonie zu sorgen, der kann sehr rasch und effizient Entscheidungen treffen und auch spontan handeln. Er kann zielgerichtet agieren, und alles, was er beginnt, bekommt einen gewissen Schwung. Er entwickelt Elan, und man hat den Eindruck, es laufe alles wie geschmiert.

Ein solcher Mensch handelt wie jemand, der über einen großen Erfahrungsschatz verfügt, dabei lässt er nur seiner intuitiven Wahrnehmung einen großen Entscheidungsspielraum. Denn auf der energetischen Ebene kann man durch das Bewusstmachen dieser Wahrnehmung sehr rasch Gesamtzusammenhänge erfassen. Es kommt dann darauf an, zu erfühlen, wie sich die Energie insgesamt auswirkt, und zu spüren, ob das zu einem passt oder nicht. Demgegenüber wirken die Menschen, die alles und jedes bis ins kleinste Detail analysieren, betrachten und abwägen, oft richtig hilflos. Sie haben viele Informationen, ein ausgezeichnetes Detailwissen, aber das Erfassen des Gesamtzusammenhangs bereitet ihnen Schwierigkeiten.

Immer wenn es darauf ankommt, die Qualität eines Kompromisses zu beurteilen, wird die Fähigkeit verlangt, das Zusammenspiel von verschiedenen Energiequalitäten zu einem neuen Ganzen zu bewerten. Man kann nämlich dadurch, dass man die Qualität dieser Energie in sein Energiesystem »hereinlässt«, auch gleich spüren, wie sie

mit der eigenen Energie harmoniert. Beschreitet man jedoch demgegenüber den analytischen Weg, so fragt man sich, wie all die verschiedenen Aspekte dieses Kompromisses mit all den unterschiedlichen Facetten der eigenen Persönlichkeit harmonieren.

Dieses Abwägen und In-Beziehung-Setzen wird sehr rasch so kompliziert, dass man den Überblick verliert, Teilaspekte falsch bewertet, zu sehr oder zu wenig berücksichtigt und sich in der Vielfalt der Betrachtungsmöglichkeiten verliert. Wer jedoch energetisch an ein Problem herangeht, kann sich auf die wichtigste Energie konzentrieren und ständig spüren, ob alles noch so läuft, wie man es sich wünscht, ob ganz einfach »die Chemie stimmt«.

Dies gilt vor allem, wenn man herausfinden will, wie man mit einem anderen Menschen harmoniert. Es ist nämlich kaum möglich, einen Menschen, dem man begegnet, zu analysieren und alles zu erfragen, was man braucht, um ihn beurteilen oder einschätzen zu können. Auch das Zusammenfügen all dieser Informationen zu einem brauchbaren und richtigen Ganzen würde viel Zeit und Ressourcen beanspruchen, und trotzdem bliebe das Risiko, einige dieser Aspekte falsch zu bewerten. So wird das Gebäude aus vielen Einzelinformationen sehr leicht zu einem einsturzgefährdeten Bauwerk.

Wie intensiv sich emotionale Harmonie ausbreitet, demonstriert ein Beispiel aus den Anfängen des Vietnamkrieges, an das sich ein amerikanischer Soldat erinnert. Eine amerikanische Kompanie steckte in einem Reisfeld und lieferte sich ein heftiges Feuergefecht mit dem Vietkong. Plötzlich tauchten auf dem Wall, der die Reisfelder voneinander

trennte, sechs buddhistische Mönche auf. Vollkommen ruhig und gelassen, mit sich und der Welt in Harmonie, gingen die Mönche direkt in die Schusslinie hinein. Sie schauten weder nach links noch nach rechts, sie gingen einfach geradeaus. Es war ganz seltsam, aber keiner schoss auf sie, weder die Amerikaner noch der Vietkong. Und plötzlich, so berichtet der amerikanische Soldat weiter, war auf beiden Seiten jeglicher Kampfgeist verschwunden, denn keiner gab mehr einen Schuss ab an diesem Tag.

Dass die Mönche mit der Harmonie, die sie ausstrahlten, die Soldaten auf beiden Seiten der Front plötzlich »friedfertig« werden ließen, zeigt, dass Emotionen ansteckend sind. So schnell und so intensiv ist die emotionelle Ansteckung allerdings selten wirksam. Aber Mönche, vor allem asiatische, sind ja auch bestens darin trainiert, sich ihre emotionalen Schwingungen meditativ zu erarbeiten und sie auszustrahlen. Denn die Emotion, die sich durchsetzt, kommt immer von der Person oder einer Gruppe, die diese Emotion konzentrierter und intensiver zum Ausdruck bringt.

Manche Menschen sind ein regelrechtes emotionales Kraftwerk. Jeder Mensch schafft sich sein emotionales Umfeld selbst. Aber ganz autonom ist er nicht dabei, es hängt sehr viel davon ab, wie sehr er Emotionen auf sein Energiefeld »überschwappen« lässt und sie integriert. Dazwischen existiert ein breites Spektrum von sehr subtilen Strategien, damit umzugehen. Wir übertragen unsere Stimmungen auf andere und fangen die Stimmungen anderer auf; es gibt einen unbewussten energetischen Austausch. Manche Be-

gegnungen wirken giftig, andere stärken uns, und wieder andere bringen uns in unser Gleichgewicht zurück. Bei jeder Begegnung werden emotionale Signale ausgetauscht. Wer beispielsweise schwermütigen Gedanken nachgeht, sich dann aber entscheidet, einen Spaziergang in der freien Natur zu machen, wird spüren, wie sich sein Gemütszustand ändert und er sich der Stimmung, die in der Landschaft vorherrschend ist, zu öffnen beginnt. Es gibt Menschen, die sich gegen die emotionale »Überschwemmung« von außen besser abschirmen können als andere. Dann gibt es die Menschen, die eine emotional intensive und verschiedenartige Schwingung geradezu anziehen. Sie sehnen sich richtig nach der pulsierenden Energie einer Großstadt. Sie saugen die Energie förmlich in sich auf und arbeiten mit ihr.

Wir tauschen Emotionen aus, so als wären sie »soziale« Viren. Die emotionale Ansteckung ist allgegenwärtig, wohin wir auch gehen, begegnen wir ihr. Aber wir treten nicht nur mit den Energien in unserer unmittelbaren Umgebung in Resonanz, wir können dies auch mit Energiefeldern tun, die weit von uns entfernt sind. Das setzt allerdings voraus, dass wir uns ganz gezielt darauf konzentrieren, entspannt sind und uns dann auf diese Stimmungen einstellen. Wir können sogar Emotionen aus unserer Vergangenheit wieder aufleben lassen und uns quasi emotional daran erinnern. Je nachdem, wie gut unser emotionales Gedächtnis funktioniert, können wir die Ereignisse der Vergangenheit auf unserem inneren »Emotionen-Recorder« abspielen.

Harmonie, die auf eine Begegnung mit anderen Menschen zurückzuführen ist, wird bestimmt durch den Grad der

emotionalen Übereinstimmung zwischen diesen beiden. Als Außenstehender kann man oft bemerken, wie die emotionale Synchronisation zu einer physischen Synchronisation führt. Es wirkt, wie von unsichtbaren Händen aufeinander abgestimmt.

Harmonie auf der mentalen Ebene

Auf der mentalen Ebene bedeutet das Gesetz der Harmonie, dass Vorstellungen von den Erfolgszielen, die man für sich selbst herausgefunden hat, in Einklang mit Begabung, Berufung und Motivation gebracht werden sollen.

Um Harmonie zu verwirklichen, ist es notwendig, dass die verschiedenen Bereiche des Lebens auf die Ziele, die man sich gesteckt hat, abgestimmt werden. Für die Durchsetzung dieser Ziele sind Eigeninitiative und Durchsetzungsvermögen notwendig. Die Ergebnisse, die man anstrebt, sollten mit möglichst geringem Energieeinsatz erreicht werden. Zu viele Konflikte innerhalb der verschiedenen Bereiche führen zu einer Verzettelung der Energie.

Um Wunschvorstellungen zu verwirklichen, ist es notwendig, andere auch dafür zu gewinnen, die Dinge so zu sehen, wie sie einem selbst vorschweben. Dadurch bieten sich sehr oft eine Kooperation und manchmal auch eine unvorhergesehene Unterstützung an. Solche Aspekte sind für das Erreichen von selbst gesteckten Zielen von beson-

derer Bedeutung. Wenn in die Projekte, die wir uns vorgenommen haben, erst einmal der richtige Schwung hineingekommen ist, beginnt er sich durch Kooperation zu verstärken und zu beschleunigen. Hindernisse können dann noch eleganter gemeistert und Kreativität und Einfallsreichtum noch besser genützt und umgesetzt werden.

Harmonie auf der spirituellen Ebene

Auf der spirituellen Ebene bewirkt die Qualität der Harmonie, dass Ziele, die Sie sich zu erreichen vorgenommen haben, Mosaiksteine auf dem Weg zu dem sind, was Ihre Berufung ausmacht. Die Erfahrungen auf der spirituellen Ebene sind prinzipiell von einer größeren Tragweite als auf der emotionalen und der mentalen Ebene. Motivationen, die von der spirituellen Ebene kommen, sind intensiver und langfristiger wirksam als die der anderen Bereiche.

Die spirituelle Ebene ist die der Lebensweisheiten. Hier kommt es nicht so sehr darauf an, etwas rasch zu erledigen, schnell über etwas hinwegzukommen, gleich eine neue Beziehung anzufangen, einen neuen Beruf anzustreben, eine Gewohnheit abzulegen und durch eine neue zu ersetzen, sondern ein harmonisches Ganzes zu werden. Die spirituelle Ebene ist die, auf der Weisheit erkennbar wird. Hier kommt es darauf an, was man aus einer Situation lernt und nicht, wie man etwas Unangenehmes vermeidet. Wer nur den raschen emotionalen Wechsel sucht, möglichst schnell eine neue Idee

platzieren will, der kann sich zwar beweisen, dass er auf der emotionalen und mentalen Ebene rasch und gut handeln kann, aber auf der spirituellen Ebene zählt nur die Erkenntnis, die man daraus gewinnt.

Vor allem die Harmonie und das langfristige Gleichgewicht von ideellen Werten sind eine wichtige Domäne der spirituellen Ebene. Konflikte auf der spirituellen Ebene zu bereinigen bedeutet, vor jedem Neuanfang die vorangegangene Situation zu klären und zu einem sinnvollen Ende zu bringen. Wer beispielsweise versucht hat, mit Diätprogrammen sein Gewichtsproblem zu lösen, und dann einen Weg gefunden hat, sein Gewicht zu halten, sollte für diesen Lernschritt dankbar sein, denn dieses Problem hat ihn um eine Erkenntnis reicher gemacht. Erkenntnis ist auf der spirituellen Ebene der Lohn für geleistete Arbeit. Es zählt also nicht der materielle Erfolg, sondern der spirituelle, der in erworbenen Erkenntnissen gemessen wird.

Um auf der spirituellen Ebene besonders erfolgreich zu sein, haben sich religiöse Führungspersönlichkeiten meistens ganz aus den Bereichen der emotionalen und mentalen Ebene zurückgezogen. Dadurch ist es ihnen gelungen, möglichst rasch Fortschritte auf der spirituellen Ebene zu machen. Sie haben damit tiefe Einsichten erreicht.

Die Zeit für die spirituelle Entwicklung in völliger Abgeschiedenheit kann für eine bestimmte Entwicklungsphase sehr wichtig sein, aber im gegenwärtigen Gesamtbewusstsein, das sich auf diesem Planeten entwickelt hat, ist diese Epoche der getrennten Entwicklung weitgehend abgeschlossen. Jetzt kommt es darauf an, die verschiedenen Ebenen zu vernetzen

und die anderen Ebenen spirituell zu durchdringen, das Netzwerk der spirituellen Dimension vertikal und horizontal zu verbinden.

Die Distanzen auf unserer Welt sind kürzer geworden, die Wirtschaft und die Gesellschaft sind nunmehr viel stärker miteinander verflochten. Ein Schiffsunglück oder ein Flugzeugabsturz auf der anderen Seite unseres Planeten hat meistens schon unmittelbare Auswirkungen auf uns, vielleicht weil Menschen aus unserer Region davon betroffen sind, jedenfalls aber, weil auch wir von solchen Unglücksfällen betroffen sein können, da auch wir diese Transportmittel benützen. So schmerzlich manche Ereignisse auch sind, es kommt darauf an, sie für Erkenntnisgewinne zu nutzen.

Auf der spirituellen Ebene zählt nur: Wie kann ich aus Situationen, die ich unmittelbar erlebe oder die andere irgendwo auf unserem Planeten erleben, für mich einen Erkenntnisgewinn erzielen? Erkenntnisse, die auf der spirituellen Ebene gemacht werden, können dort auch sofort verbreitet werden. Wer gelernt hat, sich in das spirituelle Netzwerk der Kommunikationskanäle einzuklinken, für den sind diese Erkenntnisse auch verfügbar. Auf der spirituellen Ebene gibt es nämlich schon lange das »Internet«, mit freiem Zugang für jeden, der seinen Bewusstseinszustand entsprechend ausgerichtet hat. Die Bewusstseinsverbindung zur spirituellen Ebene kann, wenn man dazu bereit ist und dieser Ebene wirklich vorurteilslos begegnet und sie nicht missbrauchen will, sehr viele Erkenntnisse bescheren, ohne dass man sich diese durch allzu viel persönlichen Einsatz, Mühsal und Schmerz erarbeiten muss. Das setzt allerdings

sehr viel Offenheit für die spirituelle Dimension voraus. Die Gesetze der Schwingung und der Harmonie wirken auf der spirituellen Ebene ganz besonders stark. Wer sich hier mit Erkenntnissen verbinden will, braucht wirklich nur seinen spirituellen Empfangskanal auf die richtige Frequenz einzustimmen, und schon ist die Information da.

Übungen zum Gesetz der Harmonie

Um Harmonie zu erreichen, um sie zuerst im Körper fühlbar zu machen und dann auf alle anderen Bereiche des Lebens auszudehnen, bieten die nachfolgenden Übungen einen guten Einstieg.

Das Gesetz der Harmonie richtig anwenden

Setzen Sie sich dazu auf einen bequemen Stuhl oder im Lotus- oder Schneidersitz auf eine Sitzmatte. Der Rücken sollte möglichst gerade sein. Schließen Sie die Augen und atmen Sie langsam und tief durch. Stellen Sie sich nun vor, wie die Energie vom Erdmittelpunkt kommend durch die Fußsohlen und die Wirbelsäule aufsteigt, am Kopf aus dem Körper wieder austritt, bis zum Kosmos emporsteigt und sich mit der kosmischen Energie der Harmonie auflädt, wie sie dann von oben zurückkommt, in den Körper wieder eintritt, jede Zelle Ihres Körpers mit Harmonie durchtränkt und schließlich über die Fußsohlen und das Steißbein in die

Erde eindringt, um sich im Erdmittelpunkt wieder mit der Energie der Erde aufzuladen.

Hierbei kommt es ganz entscheidend darauf an, was Sie sich unter dieser Energiequalität vorstellen, da Sie genau die Ihrer Vorstellung entsprechende Energie anziehen. Diese bildliche Vorstellung unterstützt in der Regel den Übungsablauf. Tatsächlich ist es für diese Energie nicht notwendig, Raum und Zeit zu überwinden. Sie verfügt nämlich gemäß Quantentheorie, wie sie der Mathematiker John Beil 1964 formulierte, über eine Eigenschaft, die man als »Nicht-Lokalität« bezeichnet. Diese »Nicht-Lokalität« wurde 1982 von Dr. Alain Aspect von der Universität Paris-Süd im Laborversuch nachgewiesen. Seit 1998 wird auch daran gearbeitet, die Bereiche des Gehirns zu erforschen, die nach diesem »Nicht-Lokalitäts-Prinzip« arbeiten. Erste Ergebnisse zeigen, dass Organe gefunden wurden, die für den Informationstransfer der Nicht-Lokalität Energien bereitstellen.

Entspannen Sie den ganzen Körper und jede Zelle, und stellen Sie sich nun vor, wie Sie mit dem kosmischen Reservoire der Harmonie Kontakt aufnehmen. Dann stellen Sie sich vor, dass Sie eine große Kugel direkt über Ihrem Kopf bilden, in die Sie diese Energie der Harmonie einströmen lassen. Von dort können Sie diese nun in alle Bereiche Ihres Körpers eindringen lassen, in denen Sie diese Harmonie brauchen. Spüren Sie dabei, wie sich Spannungszentren zu lockern beginnen und schließlich ganz auflösen. Jetzt können Sie die Energie der Harmonie auch in alle Bereiche außerhalb von Ihnen einfließen lassen,

die noch nicht in Harmonie sind und Sie und andere Menschen betreffen. Nutzen Sie die Energie der Harmonie auch als Grundstimmung für Ihre Vorstellungen, Wünsche und Ideen.

Durch diese Meditation, die Sie einige Wochen lang täglich ca. 15 Minuten durchführen sollten, kommen Sie verstärkt in das harmonische Gleichgewicht zwischen der kosmischen Energie des Himmels und der stabilen erdigen Energie des Erdmittelpunktes. Dieses Gleichgewicht hilft, das körperliche Wohlbefinden zu steigern und die Energie der Harmonie im Körper zu verankern. Durch Meditation, entsprechend ausgerichtetes Denken, Handeln und Fühlen bringen Sie die Energie der Harmonie in Ihr energetisches Umfeld. Diese Energie unterstützt Sie dabei, die gewünschten Ziele zu erreichen.

Schaffen Sie sich durch regelmäßiges Meditieren ein energetisches Umfeld, das Wohlbefinden, Harmonie und Zufriedenheit ausstrahlt.

8
Das Erfolgsgesetz der Polarität

Das Gesetz der Polarität besagt, dass Begriffe und Dinge zwei Pole besitzen: Liebe und Hass, Glück und Unglück, Freude und Leid. Und jeder kennt Situationen, in denen sich die Pole verschieben oder sogar vertauschen. Dabei zeigt sich, dass es sehr schwierig ist, nur eine Seite oder einen Pol konsequent zu leben. Denn es gibt immer wieder Menschen, die keine absolute Friedfertigkeit vertragen, keine absolute Zuneigung, keine absolute Liebe.

Auch Menschen, die eine mitreißende Persönlichkeit haben, die niemanden gleichgültig lassen, bekommen die entgegengesetzten Emotionen, die sie ausstrahlten, zu spüren. Jesus, Mahatma Gandhi, Martin Luther King, um einige Beispiele zu nennen, waren selbstlos agierende Menschen, die es zu ihrem Schicksal machten, die Welt positiv zu verändern, die aber letztlich auch die entsprechenden Gegenpole angezogen haben. Durch ihre Ideen, ihre Vorstellungen und ihr Wirken prägen sie noch immer die nachfolgenden Generationen.

Sie alle sind Grenzgänger der Epochen. Die emotionale Begeisterung, die sie auf ihre Mitmenschen ausstrahlen, ist zwar den nachfolgenden Generationen schon schwerer zugänglich, die mentalen Ideen und Vorstellungen aber teilen auch die nachfolgenden Generationen noch mit ihnen. Auf der spirituellen Ebene ist ihr Wirken dagegen zeitlos. Auch ihr gewaltsamer Tod konnte das Überleben ihrer Ideen und

Vorstellungen nicht beeinträchtigen. Die Aggression und der Hass, die diese Ideen und Ideale vernichten wollten, erreichten ganz im Gegenteil ihr sicheres und unzerstörbares Überleben. So haben diese Gewalttaten genau den gegenteiligen Pol gefestigt.

Auch Politiker wie John F. Kennedy, die in den eigenen Reihen dem Rassenhass zu begegnen versuchten, wurden Opfer von Aggression und Gewalt. Aber ihr Leben war keineswegs sinnlos, sondern strahlt weit über ihr vorzeitiges physisches Ende hinaus auf viele Menschen und die ihnen nachfolgenden Generationen.

Die fundamentalistischen religiösen Strömungen wirken beispielsweise enorm polarisierend auf ganze Gesellschaftssysteme. In moslemischen Ländern bedrohen entschleierte Frauengesichter den »tugendhaften« Teil der Bevölkerung. Obwohl eigentlich die Erfahrung zeigt, dass das »Böse« nicht dort zu finden ist, wo man demonstrativ hinzeigt, ist es immer wieder möglich, dass solche Polarisierungen entstehen.

Was passiert nun auf der energetischen Ebene? Man bewegt sich gezielt zum Gegenpol des »Bösen« und nimmt die »Richterposition« ein. Damit fühlt man sich über all die anderen Menschen erhaben. Aber die Geschichte zeigt, dass die, die sich zu Richtern aufschwangen, immer selbst etwas zu verbergen hatten, von dem sie ablenken wollten. Die rücksichtslosen Richter, angefangen von Pilatus, der Jesus kreuzigen ließ, über die Richter der Inquisition, die Richter während der Französischen Revolution, bis hin zur Roten Armee in Russland, den Nationalsozialisten in Deutschland

und den fundamentalistischen Bewegungen des Islam, die im Namen Allahs richten, haben alle eines gemeinsam: Das Unrecht, das sie zu bekämpfen vorgaben, das, was sie verändern wollten, entpuppte sich als das geringere Übel im Vergleich zu dem, was sie selbst anrichteten.

Wo stark emotional polarisiert wird, rücken die mentalen und spirituellen Perspektiven unverdient in den Hintergrund, ja, sie werden weitestgehend ignoriert. Die emotionale Polarisierung verengt die Perspektive auf einen sehr kleinen Ausschnitt. Bei solchen Entscheidungen scheint die irrtümliche Verurteilung vorprogrammiert zu sein.

Die emotionale Polarisierung

Was bewirkt nun die Technik der emotionalen Polarisierung? Im positiven Sinne schafft sie es, vor allem emotionale Energien so intensiv zu bündeln, dass Dinge machbar werden, die man kaum für möglich gehalten hat.

Wir alle können uns noch an die ständig wiederholten Rufe der Ostdeutschen in den letzten Monaten der DDR erinnern, die immer eindringlicher »Wir sind das Volk« skandierten. Diese Polarisierung führte zu einem viel rascheren Fall der Mauer, als es je für möglich gehalten wurde. Zweifel an diesem Regime gab es schon jahrzehntelang vorher. Aber die emotionale Polarisierung hat die Energie für diese Veränderung in sehr kurzer Zeit so intensiviert, dass ein rascher Umbruch möglich wurde.

Revolutionen sind eindrucksvolle Beispiele dafür, wie eine kollektive Polarisierung kollektive Veränderungen herbeiführt. Die auslösende Energie für solche Veränderungen kam immer von Zielvorstellungen, die von vielen geteilt und als erstrebenswert angesehen wurden. Aber es zeigte sich auch immer, dass emotionale Polarisierung sehr leicht zu einer Zielverfehlung führen kann.

Die emotionale Polarisierung bewirkt eine emotionale Trennung in »gute« und »böse« energetische Strömungen. Die dazwischenliegenden Konturen verschwinden, die Energien der beiden entgegengesetzten Pole sind die vorherrschenden. Die Energien, die da bewegt werden, haben eine sich selbst verstärkende Wirkung. Je stärker die Polarisierung, desto konzentrierter ist die Energie. Versteht es nun einer in einer Gruppe, diese Energie gezielt zu lenken, so kann sie schnell von einem Pol zum anderen wechseln. Ein Gegensteuern wird immer schwieriger, denn dort, wo nun die meiste Energie hinfließt, verwirklicht sie ihre Tendenzen sehr rasch.

Polarisierung kann also eine sehr notwendige und effektive Technik sein, wenn man die Energie sammeln und auf ein Ziel ausrichten will. Schwierig wird es nur, wenn man zu spät erkennt, dass das Ziel eigentlich gar nicht so erstrebenswert ist, wie ursprünglich angenommen. Zielkorrekturen sind ab einer bestimmten energetischen Intensität und Konzentration kaum mehr möglich.

Polarisierung spielt im gesellschaftlichen Leben innerhalb eines Staates und zwischen Staaten eine wichtige Rolle, wenn es darum geht, etwas zu bewegen. Durch Polarisierung

entsteht eine zunehmende Machtkonzentration. Sie wirkt wie ein Skalpell. Richtig eingesetzt, kann es in der Hand eines Chirurgen »Wunder« vollbringen; ungeschickt genützt oder missbräuchlich verwendet, kann es großen Schaden verursachen.

In Partnerschaften spielt die Polarisierung gleichfalls eine wichtige Rolle. Im Stadium des ersten Verliebtseins wird die Energie ganz auf den Pol Gemeinsamkeit, gemeinsame Zielerreichung gerichtet. Die Welt ist so schön, wenn man alles gemeinsam macht. Man entdeckt, was man alles gemeinsam machen kann, welche gemeinsamen Ideen man hat. Plötzlich ist sehr viel Energie da, man kann viel bewegen. Dinge, die man alleine nicht geschafft hat, gehen nun fast spielerisch vonstatten.

Mit *den* zunehmenden Kompromissen, die man dann auch eingeht, weil man durch die Erfolge schon fast süchtig wird, alles zu polarisieren und energetisch zu konzentrieren, verlieren die Energien immer mehr von ihrer Kraft. Dann aber kann sich die Polarisierung sehr rasch umkehren.

Ziel ist es daher, schon frühzeitig einen Ausgleich zu finden zwischen den beiden gegensätzlichen Polen der Liebe: Freiheit und Gemeinsamkeit. In einer Partnerschaft bedeutet dies vor allem, Freiräume für den jeweils anderen Partner zu akzeptieren. Ein Zuviel an Gemeinsamkeit kann dazu führen, dass eigene Talente und Fähigkeiten in der Entwicklung zu kurz kommen.

Die mentale Polarisierung

Die mentale Polarisierung bietet die Möglichkeit, sich auf den intellektuellen Pfaden zielgerichtet zu bewegen und Kreativität und Ideenvielfalt zu entfalten. Dabei ist es wichtig, das Gesamtziel der Entwicklung nicht aus den Augen zu verlieren und darauf zu achten, nicht vom spirituellen Weg abzukommen. Die mentale Ebene bietet viele Möglichkeiten, Fähigkeiten zu entdecken und zu erkennen. Die Fähigkeit zu klarem Denken, zu zielgerichtetem Handeln und der selbstkontrollierten Entwicklung ist auf dieser Ebene bei intensiver Polarisierung außerordentlich groß. Aber es lauern dort auch die Gefahren, sich ausschließlich auf dieser Ebene zu polarisieren und sich von den spirituellen Dimensionen des Seins zu entfernen.

Polarisieren bedeutet, dass man sich ganz auf einen Bereich konzentriert und die ganze Energie dorthin fließen lässt. Es ist eine Art Fallenlassen in eine bestimmte Thematik, der man dann die ganze Aufmerksamkeit widmet. Dieses Vorgehen ist besonders dann angebracht, wenn es darum geht, eine neue Aufgabe, einen neuen Beruf, eine teilweise berufliche Neuorientierung anzugehen oder eine Entscheidung zur Entwicklung einer bisher vernachlässigten Fähigkeit zu treffen.

Ein intensiver Einstieg ermöglicht es, die Ängste und die Schwierigkeiten, die bei neuen Aufgabenstellungen auftreten, mit viel Elan und vor allem Selbstvertrauen zu meistern, schon bevor sie zu einer Bedrohung werden. Damit wird eine entsprechende energetische Aura geschaffen, die es

möglich macht, die Verbindung zu ähnlichen Energiefeldern zu aktivieren. Neue Ideen, neue Aufgabenstellungen können sich im Energiesystem etablieren. Aber auch die Umgebung spürt auf sehr subtile und meist unbewusste Art und Weise, dass eine Veränderung eingetreten ist.

Die spirituelle Polarisierung

Die Polarisierung auf der spirituellen Ebene bietet für jeden Einzelnen von uns die Chance, sich mit den Energien in unserem Universum zu verbinden, die es uns ermöglichen, genau die Ziele konzentriert anzustreben, für deren Verwirklichung wir uns entschieden haben. Wer noch keine klaren Vorstellungen von seinem spirituellen Weg hat, kann sich mit den Energien und ihren Trägern verbinden, die ihm die meisten und besten Informationen bieten, um den individuellen spirituellen Weg zu finden. Durch die Polarisierung in die jeweils beste Richtung ist es möglich, sich voll auf ein Ziel zu konzentrieren. Nach einer bestimmten Zeit kann man sich dann fragen, ob die Erfahrungen, die auf diesem Wege gemacht wurden, weiter die Hauptstoßrichtung der spirituellen Entwicklung sein sollen.

Manchmal sind auch nur Teilerfahrungen auf einem bestimmten Weg in eine bestimmte Richtung für unsere Entwicklung notwendig. Dann kommen wir zu einer Wegkreuzung, bei der wir uns wieder neu entscheiden können. So ist es möglich, unseren ganz persönlichen Weg zu finden.

Übungen zum Gesetz der Polarität

Es ist immer wichtig, eine Sache von mehreren Seiten zu betrachten, um herauszufinden, wie sie zu bewerten ist. Und manchmal ist es auch notwendig, einen Punkt herauszugreifen und ihn gezielt durch Übertreibung zu einem Problem zu machen, auf das man zeigen muss, um etwas zu bewegen. Dabei kann es sich um einen sozialen Missstand handeln, der so üblich geworden ist, dass ihn nur noch wenige als solchen erkennen. Da können Mitglieder von wichtigen Entscheidungsgremien immer ansehnlichere und teurere Geschenke mit immer größerer Selbstverständlichkeit annehmen. Da können wichtige Evaluationen und Kontrollen unterbleiben. Um all diese Angelegenheiten auch für die Allgemeinheit wieder ins Lot zu bringen, ist es notwendig, mit entsprechend überproportionaler Aufmerksamkeit auf solche Zustände aufmerksam zu machen und so deren Beseitigung in die Wege zu leiten.

Das Gesetz der Polarität bewusst anwenden

Das Gesetz der Polarität bewusst anwenden, heißt vor allem, die Technik der überschießenden Übertreibung in einem konkreten Fall anzuwenden, um ein entsprechendes Energiepotenzial auf einen Punkt zu bringen. Wer eine Mauer durchbrechen will, braucht einen spitzen Meißel. Dann muss mit aller Kraft der Hammer geschwungen werden, sodass die ganze kinetische Energie mit voller Wucht auf den Meißel

trifft, dessen Spitze sich dann in die Mauer bohrt und ein Loch verursacht.

Überlegen Sie, was Sie in Ihrem Alltag verändern wollen. Häufig kommt es vor, dass aus einer durchaus positiven Grundeinstellung heraus eine negative Haltung entsteht. Diese gilt es umzukehren. So kann die negative Feststellung »Das ist zu teuer« in eine konstruktive Frage »Können wir uns das leisten?« umgewandelt werden.

Die strikte Ablehnung wird umgewandelt in eine Position, die eine Neueinschätzung der Situation erlaubt und auch Kompromisse ermöglicht.

»Das können wir uns nur leisten, wenn wir uns im nächsten Urlaub einschränken.«

Affirmationen zur *Polarisierung*

Durch die wirkungsvolle Technik der Affirmationen können Sie innerhalb kurzer Zeit die Einstellungen und Erwartungen dem Leben gegenüber völlig umwandeln und von Grund auf verändern. Wenn Sie die folgenden Affirmationen täglich 10 Minuten leise vor sich hinsprechen, laut aussprechen oder niederschreiben, können Sie alte Denkgewohnheiten positiv verändern.

»Wenn ich etwas erreichen will, wende ich das Gesetz der Polarität an. Es besagt: Durch Konzentration auf ein Ziel und durch die entsprechende Kraft schaffe ich den energetischen Rahmen, um Ziele besonders rasch zu verwirklichen.«

»Wenn mir etwas besonders wichtig ist, muss ich mich voll und ganz darauf konzentrieren.«

»Wenn ich etwas besonders rasch erreichen will, gelingt es mir immer, die dafür notwendige Energie und Zeit aufzubringen.«

9
Das Erfolgsgesetz des Rhythmus

Alles in der Natur, um uns herum, in der Arbeitswelt und in der Freizeit hat seinen eigenen Rhythmus. Die konjunkturelle Entwicklung der Wirtschaft hat einen Rhythmus, die Jahreszeiten folgen einem der jeweiligen geografischen Breite entsprechenden Rhythmus, und jeder hat seinen eigenen Atemrhythmus. Alles hat eine Zeit, in der etwas entsteht, sich weiterentwickelt, reift und wieder zerfällt. Kulturen kommen, erreichen ein bestimmtes Entwicklungsstadium und vergehen dann wieder. Auch Religionsgemeinschaften haben ihre Phasen der Entstehung und folgen dann einem Auf und Ab und damit bestimmten Zyklen. Jede Generation hat so ihre, dem jeweiligen Zeittrend entsprechende »eigene« Religion. Ohne die bestimmende Energie einer Zeitepoche gefühlt zu haben, bleibt es für den Interessierten schwierig, den Zeitgeist anderer Epochen zu verstehen.

Der emotionale Rhythmus

Auch die emotionale Ebene hat ihren eigenen Rhythmus. Lieder, Beziehungen, Gespräche, Auseinandersetzungen, Konflikte, Träume, Vorstellungen — alles hat seinen eigenen Rhythmus. Dass Lieder einen Rhythmus haben, wissen wir alle. Je nach Art des Liedes kann dieser Rhythmus weich und sanft oder hart und entschlossen oder eine Mischung aus

beidem sein. Aber auch Beziehungen haben ihren Rhythmus. Wer kennt nicht das prickelnde Gefühl beim ersten Kennenlernen. Plötzlich öffnen sich Vorstellungswelten, was man alles gemeinsam erreichen kann, wie schön es ist, jemanden zu haben, dem man vertrauen kann, der einen versteht. Die Vorstellungen, die wir uns dabei machen, dominieren unsere ganze Wahrnehmung, unser ganzes Bewusstsein. Alles andere tritt in den Hintergrund und verblasst. Dann kommt früher oder später der Zeitpunkt bzw. das Ereignis, das die Frage aufwirft, ob unsere Vorstellungen und Erwartungen mit der Realität noch vereinbar sind. Die Phase der Evaluation beginnt, man stellt sich Fragen und sucht nach Antworten. Davon abhängig kommt es dann zu einer Phase der Entscheidung. Man ist überzeugt, den richtigen Partner gefunden zu haben, oder aber Zweifel kommen auf, bleiben bestehen oder lassen sich wieder entkräften. Es ist auch möglich, dass neue Erwartungshaltungen alte ablösen, und das Spiel beginnt wieder dort, wo es angefangen hat.

Der mentale Rhythmus

Das Gesetz des Rhythmus besagt, dass alles eine eigene Schwingungsfrequenz besitzt und einen periodischen Wechsel des Entstehens, Reifens und Vergehens aufweist. Dies gilt auch für die mentale Ebene, auf der mithilfe der Kraft des Geistes die Voraussetzungen geschaffen werden, um Aufgaben erfolgreich erledigen und Dinge richtig tun

zu können. Jeder Bewegungsablauf beim Sport bedarf einer genauen mentalen Vorbereitung und hat auch seinen eigenen Rhythmus. Ein Slalomläufer hat genauso seine eigene Frequenz der mental gesteuerten Bewegungsabläufe wie ein Tennisspieler, ein Fußballspieler, ein Surfer, ein Radfahrer. Auch der Konditionsaufbau eines Sportlers wird von einem der Sportart und dem Ausübenden eigenen Rhythmus bestimmt. Wer die richtige rhythmische Frequenz einer sportlichen Betätigung erfasst hat, ist schon einen großen Schritt weiter. Dies gilt ganz besonders für die noch stärker mental ausgerichteten Sportarten wie Tai Chi, Kung Fu, die Fünf Tibeter, Karate, Judo usw.

Aber auch eine Meditation hat ihren ganz eigenen mentalen Ablauf, der von der jeweiligen Meditation und dem mentalen Zustand der meditierenden Person abhängig ist. Je regelmäßiger man meditiert, umso besser passt sich der mentale Ablauf dem Rhythmus an. Er wird vom Meditierenden selbst bestimmt und geprägt. Am Anfang steht immer eine Phase, die dazu dient, die mentalen Aktivitäten zu beruhigen. Gedanken kommen, aber man schenkt ihnen keine Aufmerksamkeit und gibt ihnen daher keine Energie. Die mentalen Aktivitäten verlangsamen sich und verebben schließlich ganz.

Ist das eingetreten, dann beginnt sich die energetische Wahrnehmung für die feineren energetischen Strömungen zu öffnen. Das führt dazu, dass in dieser Erholungsphase der Rhythmus leicht geändert werden kann. Meditation bewirkt so indirekt, dass mentale Rhythmen, die immer wieder zu gleichen Problemkreisen führten, verändert

werden. Dadurch wird es leichter möglich, sich anderen Problemkreisen zu widmen oder alte Probleme aus einer neuen, anderen Perspektive zu betrachten, die dann zu einer kreativen Lösung führt.

Was kann man für sich, für den Lebensalltag und die geistige Entwicklung von der Auswirkung des Rhythmus auf die mental orientierten Betätigungen lernen? Allen diesen Betätigungen ist eines gemeinsam: Der mentale Ablauf kann umso besser gesteuert und trainiert werden, je besser sich der jedem Menschen eigene Rhythmus in diese Betätigung integrieren lässt und sie insgesamt prägt. Je stärker eine Betätigung von der mentalen Stärke des Ausübenden abhängig ist, umso wichtiger ist es, den mentalen Rhythmus dafür zu finden.

Der spirituelle Rhythmus

Das Gesetz des Rhythmus auf der spirituellen Ebene besagt, dass die Abläufe und Entwicklungsschritte in diesem Bereich genauso ihren eigenen Rhythmus aufweisen wie auf der emotionalen und mentalen Ebene. Manch einer hat beispielsweise in einer Phase seiner geistigen Entwicklung ein Problem damit, sich für die spirituelle Dimension zu öffnen, weil er sich davor ängstigt, die Kontrolle zu verlieren, wenn fremde Energien in ihn einströmen. Es können auch Energien *der* Angst sein, die in der Vergangenheit entstanden sind, als man sich auf etwas Neues eingelassen hat und die damit verbundenen Erwartungen enttäuscht wurden. Und diese

individuellen Ängste können sich mit kollektiven Ängsten verbinden und dadurch noch verstärken. Aber wer sich solchen Ängsten hingibt, der irrt, denn all diese Ängste sind vollkommen unberechtigt. Auf ihre Überwindung folgt nach dem Gesetz des Rhythmus eine neue Phase des Fortschritts in der spirituellen Entwicklung. Wer sich in der Meditation auf die Verbindung mit dem göttlichen Willen einlässt, merkt sehr rasch, dass dieser Wille aus dem eigenen Herzen kommt und zu einem wohligen, angenehmen Gefühl führt. Sie spüren, wie Sie mit sich selbst eins werden. Es ist keine Unterwerfung und keine Selbstaufgabe, sondern das Einswerden mit sich selbst, das Ende des Getrenntseins. Natürlich gelingt das nicht sofort, aber mit etwas Übung ist dieses Einswerden bald zu erreichen. Je länger es Ihnen gelingt, in diesen Zustand zu kommen, umso öfter werden Sie das Bedürfnis verspüren, wieder dorthin zurückzukehren.

Mit diesem Einswerden mit dem göttlichen Willen im eigenen Herzen geht eine Anpassung an den spirituellen Rhythmus einher. Das angenehme Gefühl, das einigen vielleicht durch den Kontakt zu einem geistigen Führer bekannt ist, kann man über die Verbindung zum göttlichen Willen im eigenen Herzen jederzeit aktivieren. Mit zunehmender Erfahrung wird die Sehnsucht nach dieser Verbindung immer stärker. Natürlich kommt es auch dazu, dass andere Menschen in Ihrer Umgebung diese Veränderung spüren und manche dadurch verunsichert sind. Dies tritt vor allem dann auf, wenn Sie selbst dieses Gefühl für sich noch nicht gefestigt haben.

Übungen zum Gesetz des Rhythmus

Auf der emotionalen, der mentalen und der spirituellen Ebene können Sie sich jeweils dem für Ihre Tätigkeit geeigneten Rhythmus anpassen. Ein Motor, der noch kalt ist, läuft nicht im richtigen Rhythmus, ist er erwärmt und hat seine optimale Betriebstemperatur erreicht, läuft er im richtigen Rhythmus. So ähnlich verhält es sich, wenn man den für sich selbst und eine bestimmte Tätigkeit passenden Rhythmus gefunden hat. Plötzlich geht alles leicht.

Das Gesetz des Rhythmus bewusst anwenden

Was sind nun die wichtigsten Tätigkeiten, die Sie ausführen? Machen Sie sich eine Liste davon. Dann überprüfen Sie, welche Tätigkeiten Ihnen besonders gut von der Hand gehen und bei welchen Sie Widerstände spüren. Bei allem, was Sie tun, sei es beruflicher oder privater, sportlicher oder spiritueller Natur, ist es hilfreich, wenn Sie eine Weile darüber meditieren, sich mit dem göttlichen Willen in Ihrem Herzen verbinden und versuchen, den für Sie und die jeweilige Betätigung optimalen Rhythmus zu finden.

Jeder Körper hat seinen eigenen Rhythmus, der sich in jedem Lebensabschnitt ändert. Es kommt also nicht nur darauf an, den richtigen Rhythmus für den eigenen Körper zu finden, sondern diesen Rhythmus den verschiedenen Lebensabschnitten anzupassen. Dies gilt für den physischen Körper, aber auch für den Energiekörper und die anderen feinstofflichen Körper.

Für eine ausreichende Sauerstoffzufuhr ist der richtige Atemrhythmus entscheidend. Er kann den Geist beruhigen oder beleben und sowohl das Wohlbefinden beeinflussen als auch den Zugang zu verschiedenen Bewusstseinszuständen öffnen.

Der richtige Rhythmus des Atmens, der Sie in Entspannung versetzt und Ihnen hilft, in einen meditativen Bewusstseinszustand zu kommen, hilft Ihnen auch zu spüren, in welchen Bereichen des Körpers Verspannungen sitzen und wo die Energie nicht so richtig fließt. Zum richtigen »physischen« Atmen kommt auch das energetische Atmen. Das längere Ausbleiben von Sonnentagen führt zu einer Gemütsverschlechterung, denn es ist die Sonnenenergie, die unsere energetische Umwelt auflädt und die Energieversorgung sicherstellt. Wollen Sie Ihren Gemütszustand wieder anheben, dann üben Sie das energetische Atmen.

Entspannen Sie den ganzen Körper, alle Zellen, atmen Sie ganz bewusst ein und aus und stellen Sie sich vor, wie Ihre Energiezentren diesem bewussten Atemrhythmus folgen. Wenn Sie diese Übung täglich fünf bis zehn Minuten durchführen, werden Sie sehr rasch zu einem bewussten rhythmischen Umgang mit Ihrer Atmung kommen.

Mit Affirmationen zum richtigen Rhythmus

»Bei allen Tätigkeiten, bei denen es wirklich auf den richtigen Rhythmus ankommt, stelle ich mich immer wieder auf diesen ein.«

»Ich weiß, jede Betätigung braucht ihren eigenen Rhythmus. Anspannung und Entspannung, Anstrengung und Erholung, alles muss aufeinander abgestimmt sein.«

»Alle Betätigungen, bei denen der richtige Rhythmus entscheidend ist, stelle ich mir auf meinem inneren Bildschirm in genau diesem Rhythmus vor.«

»Auch der Körper hat seinen eigenen Rhythmus, den der Nahrungsaufnahme, des Verdauens und der Ausscheidung, der Anspannung, der Erholung und der Regeneration.«

»Die richtige Nahrung zum richtigen Zeitpunkt. Dazu gehört auch, unmittelbar vor dem Schlafengehen keine Mahlzeiten mehr einzunehmen.«

10
Das Erfolgsgesetz des Denkens

Das Gesetz des Denkens besagt, dass jeder Gedanke eine bestimmte Energiequalität hat und in sich den Keim trägt, mit dieser Energiequalität etwas zu bewirken. Gedanken können unserem Leben eine entscheidende Wende geben, sie können uns aber auch auf ausgetretenen Pfaden festhalten. Es hängt davon ab, welche Qualität und Intensität wir unseren Gedanken verleihen.

Wer einmal darüber nachdenkt, was er alles besitzt, der entdeckt oft, dass vieles, was ihm wichtig war und wofür er vielleicht viel Geld ausgegeben hat, die Sache gar nicht wert war. Er kann sein Leben dadurch ändern, dass er sich genau fragt, was er wirklich benötigt und wie er mit dem Vorhandenen besser auskommt.

Wer dagegen die Auffassung vertritt, dass seine Talente und Begabungen noch zu wenig ausgebaut wurden, der hat sicher auch Spaß daran, diese Fähigkeiten weiterzuentwickeln. Früher oder später zahlt sich das aus. Das hängt davon ab, wie viel Energie man investiert und wie entschlossen man die angestrebten Ziele verfolgt. Natürlich ist vor allem zu Beginn eine gewisse Energieintensität erforderlich, bis alles wie von selbst zu laufen anfängt. Ist die Idee einmal geboren und beginnt sie zu wachsen, so strahlt das auf die Umwelt und die eigene Persönlichkeit aus. Plötzlich beginnen sich die anderen dafür zu interessieren. Die Energie beginnt, sich auszubreiten und zu intensivieren. Davon sind

auch die anderen Lebensbereiche betroffen, die von dieser neuen Energie durchdrungen werden.

Am Anfang steht die Beseitigung von Hindernissen, die man sich in der eigenen Gedankenwelt errichtet hat. Wie bei jedem Bauprojekt kommen auch in der Gedankenwelt zuerst die vorbereitenden Arbeiten. Da müssen alte Bausubstanzen beseitigt, abgetragen und entsorgt werden. Wer jedoch gelernt hat, auf Psychohygiene zu achten, ist mit diesen geistigen Aufräumarbeiten schon vertraut.

Es gibt Zeiten im Leben, da geht eine Sache, eine Beziehung, ein Ausbildungsabschnitt zu Ende, und man konzentriert sich auf einen Neubeginn. Es sind zwar schon einige Ideen vorhanden, aber es fehlt noch der Elan. Das hängt oft damit zusammen, dass vorangegangene Abschnitte noch nicht vollständig beendet wurden. Aber was nicht völlig abgeschlossen wurde, braucht immer noch Energie, die andere Tätigkeiten hemmt und neuen Projekten den nötigen Schwung nimmt. Die Vergangenheit holt einen wieder ein. Man wird immer wieder in Versuchung geführt, die Gedanken in die Vergangenheit schweifen zu lassen. Damit vergeudet man die Energie, die man für neue Projekte und neue Lebensabschnitte benötigt. Man hat das Gefühl, auf der Stelle zu treten. Alles, was wir in diesen Situationen tun können, ist, möglichst rasch Vergangenes abzuschließen, um uns voll und ganz auf das Neue zu konzentrieren.

Wie entdecke ich nun die Bereiche, die meine Lebensenergie schwächen und meinen Schaffensdrang bremsen? Hierfür eignet sich eine Psychotechnik ganz besonders: die

Gedankenbeobachtung. Dafür bringen Sie sich in einen meditativ entspannten Zustand, in dem die Gedanken nur auf Empfang gestellt werden. Förderlich ist dabei eine Umgebung, in der Sie ungestört sind. Sie können aber auch Zeitabschnitte im Tagesverlauf dafür verwenden, in denen Sie auf etwas warten müssen, wie zum Beispiel bei Behördengängen, im Wartezimmer von Ärzten, in öffentlichen Verkehrsmitteln etc. Voraussetzung ist nur, dass Sie Ihre Aufmerksamkeit nach innen richten können.

Anders ist die Situation bei emotionalen Widerständen und negativen Gefühlen, denn diese sind meistens unbewusst. Der bloße Appell an die Einsicht bewirkt hier nur in den seltensten Fällen eine Verhaltensänderung, zumal solche Widerstände und Gefühle schon vor langer Zeit entstanden sein können. Um mit diesen Energien in Kontakt zu kommen, muss man sich ganz darauf einstellen, sie zu spüren. Dies gelingt am besten in einem Zustand der Entspannung, in dem die Aktivität des Intellekts vollständig in den Hintergrund tritt, da sie zum Erfühlen dieser verdrängten, ins Unterbewusstsein abgeschobenen Energien nichts beitragen kann. Dies fällt Menschen, die betont kopforientiert handeln und deren Intellekt ständig präsent ist, sehr schwer. Für sie ist es besonders wichtig, sich auf die Wahrnehmung der Gefühle zu konzentrieren und auf die Absicht des Verstandes, die Kontrolle zu gewinnen, mit bewusstem Ignorieren zu reagieren.

Nun gilt es, negative Gefühle, die sehr oft mit einer Ablehnung auf den verschiedensten Gebieten zu tun haben, zu lokalisieren. Wo kann ich sie besonders deutlich spüren? Sind

sie im Körper oder außerhalb? Wie fühlen sie sich an? Sind es Gefühle der Ohnmacht oder des Sich-nicht-akzeptiert-Fühlens? Oder sind es Gefühle der Verletztheit, weil ein anderer Mensch nicht so handelt, wie ich mir das vorstelle? Entwickelt sich eine Situation so, dass ich jeglichen Einfluss darauf verliere? Oder will ich gar einen zu großen Einfluss ausüben? Ist es mir besonders wichtig, die Kontrolle auszuüben?

Die richtigen Fragen können sehr rasch zu den problematischen energetischen Strukturen führen und helfen, die wahren Hintergründe der Gefühle aufzudecken.

Setzen Sie Ihre intuitive Fähigkeit des Visualisierens, des Fühlens oder des Wissens ein, um diese Energie zu lokalisieren. Bei jedem Menschen ist eine Art dieser intuitiven Wahrnehmung besonders ausgeprägt. Es empfiehlt sich, anfangs alle anzuwenden und erst, wenn man einige Übung hat, sich auf eine zu beschränken.

Ziel ist es, durch Ihre intuitive Wahrnehmungsfähigkeit mit diesen negativen Gefühlen in Kontakt zu kommen und sie so weit bewusst zu machen, dass Sie die Entstehung dieser Gefühle und ihren Sinn erfassen.

Die Wirkung der Gedanken durch Emotionen stärken

Gedanken haben die Tendenz und die Kraft, Wirklichkeit zu werden. Dies trifft ganz besonders zu, wenn man sie durch emotionale Untermalung verstärkt und entsprechend handelt. Das gilt natürlich für positive Gedanken genauso wie für

negative. Es treten nur die Ereignisse und Situationen ein, für die wir innerlich bereit sind oder deren Bewältigung unsere Entwicklung fördert. Je konkreter und direkter die innerliche Ausrichtung emotional untermauert ist, umso größer ist die Wahrscheinlichkeit, dass die gewünschten oder befürchteten Ereignisse eintreffen. Denn die Energien, die man aussendet, kommen wie ein Echo, aber verwirklicht, zurück. Es ist also ganz wichtig, sich zu überlegen, was man aussendet und was man sich verwirklicht wünscht. Die Aufmerksamkeit ist darauf zu richten, negative Erwartungshaltungen rechtzeitig zu erkennen und zu ändern. Eine sofortige grundlegende Verhaltensänderung ist dann unumgänglich, denn es wäre unsinnig, sich selbst ein schlechteres Schicksal zuzumuten, als notwendig ist.

Wenn Sie an etwas ganz besonders intensiv denken und auch die Gefühle, die damit verbunden sind, in diese Vorstellungswelt integrieren, können Sie umso effektiver durch Gedanken Ihr Sein verändern. Je lebhafter und konkreter Ihre Gedanken sind, umso stärker sind die Glücksgefühle, die diese Gedanken auf ihrem Weg zur Verwirklichung begleiten.

Wenn Ihre Gedanken durch intensive Gefühle verstärkt werden und die Verwirklichung auch noch dem innersten spirituellen Lebensziel entspricht, dann werden sie sich umso rascher und konkreter verwirklichen und Wohlgefühl verbreiten.

Die Wirkung der Gedanken auf mentaler Ebene

Natürlich hängt es auch von der Intensität und Qualität der Gedanken ab, wie rasch sie sich verwirklichen. Je klarer die Gedanken, umso effizienter ihre Umsetzung. Jeder Gedanke verändert unser Schicksal. Er verursacht Erfolge oder Niederlagen, Krankheit oder Gesundheit, Glück oder Unglück, Freud oder Leid. Es kommt also darauf an, das zu denken, was Sie in Ihrer persönlichen Entwicklung weiterbringt. So können Ihnen Ihre Gedanken helfen, all das zu erreichen, was Sie sich von Herzen wünschen.

Auf der mentalen Ebene kommt es vor allem auf die klare Formulierung der Gedanken an. Je geradliniger die Gedanken sind, desto mehr können Sie mit wenig Energieeinsatz erreichen. Gedanken mit viel Wenn und Aber, Vielleicht und Könnte lassen erkennen, dass der Urheber noch nicht genau weiß, was er wirklich will. Gedanken enthalten auch immer Entscheidungen, denen eine klare Linie zugrunde liegt. Wer vage formuliert oder sich ständig zurücknimmt, bewegt sich wie seine Gedanken im Kreis, er ist ständig unterwegs, kommt aber nirgends an.

Klar formulierte Sätze lassen erkennen, dass hier jemand am Werk ist, der weiß, wie man Gedanken formt und mit Wirkungskraft ausstattet. Kraftvolle sprachliche Formulierungen führen zu entsprechenden Gedanken und stellen die geistige Visitenkarte dar, mit der sich ihr Urheber ausweist. Geistige Techniken müssen aber genauso gelernt werden wie Laufen, richtige Ernährung, Radfahren etc.

Die Wirkung des Denkens auf der spirituellen Ebene

Die Wirkung der Gedanken auf der spirituellen Ebene ist vor allem davon abhängig, wie weit sich der spirituell Suchende schon entwickelt hat. Wenn beispielsweise ein spirituell Suchender schon ein bedingungsloses Gottvertrauen entwickelt hat, sein Herz aber noch voll Hass und Gier ist, so ist er bereit, sich ohne Bedenken für seine Ziele des Hasses und der Gier einzusetzen und Gesundheit und Leben aufs Spiel zu setzen. Das ist die wohl gefährlichste Fehlentwicklung. Kriege und Vergeltungsfeldzüge sowie »Gerechtigkeit« ohne Gnade sind die Beispiele, mit denen man immer wieder konfrontiert wird. Die emotionale und moralische Festigkeit ist daher ein wichtiges Fundament, auf dem eine spirituelle Weiterentwicklung stattfinden kann.

Gedanken, die von unserem Selbst kommen, haben einen anderen Stellenwert als solche, die aus dem emotionalen oder mentalen Bereich kommen. Bei den spirituellen Gedanken entscheidet die ihnen innewohnende Kraft über die Richtung und die energetischen Bereiche, denen wir uns zuwenden.

Fragen Sie sich: Wo liegen meine spirituellen Interessenschwerpunkte? Welche Menschen bringen mich dazu, spirituelle Themen mehr zu beachten? Welche spirituellen Ziele habe ich? Wie gehe ich mit spirituellen Problemen um? Wie gut funktionieren »Gespräche« mit meinem höheren Selbst? —All diese Fragen sind hilfreich auf dem Weg zur spirituellen Selbsterkenntnis und zu spirituellem Verantwortungsbewusstsein.

Übungen zum Gesetz des Denkens

Die Gedanken sind eine Form der Energie, und mit der Qualität unserer Gedanken bestimmen wir die Richtung und die Umgebung, in der sich unsere Gedanken bewegen. Wir müssen uns also fragen, wohin unsere Gedanken uns bringen sollen. Was ist das energetische Ziel, in dem sich die Gedanken dann sammeln können, um die besten Voraussetzungen dafür zu schaffen, das zu realisieren, was wir uns vorgenommen haben? Bei den Gedanken bestimmen Sie, in welche Richtung Sie diese lenken. Sie sollten sich daher grundsätzlich folgende Fragen stellen, um herauszufinden, wie sehr Sie sich dieser Verantwortung bewusst sind:

Wenn Sie mit jemandem ins Gespräch kommen, wer bestimmt da, welche Gesprächsbereiche angesprochen werden? Wer ändert in der Regel die Gesprächsrichtung? Wie sehr nimmt der Gesprächspartner auf Ihre Lieblingsthemen Rücksicht? Wie sehr gehen Sie auf die Bedürfnisse Ihrer Gesprächspartner ein? Ist hier ein gemeinsames Muster erkennbar, das bei allen Gesprächen auftritt, oder wechselt dieses Muster je nachdem, wer gerade Ihr Gesprächspartner ist?

Das Gesetz des Denkens bewusst anwenden

Wenn Sie einige Muster Ihres Gesprächsverhaltens erkannt und analysiert haben, sind Sie in der Lage, sich ein besseres Bild über sich selbst zu machen. Neigen Sie dazu, sich von Ihren Gesprächspartnern »überfahren« zu lassen, oder sind

Sie derjenige, der immer den Ton angeben und das letzte Wort haben muss?

Wenn Sie an Ihrem Gesprächsverhalten etwas ändern möchten, machen Sie sich eine Liste von den Verhaltensmustern, die Ihnen verbesserungswürdig erscheinen.

Wie Sie denken, so handeln Sie. Wer überall Probleme sieht, begegnet ihnen auch. Wer hingegen überall Herausforderungen sieht, wird sie meistern. Die Energie, die Sie mit Ihren Gedanken in Ihr Bewusstsein holen, bestimmt die Art Ihres Verhaltens und wie Sie Herausforderungen begegnen. Wer sich als Opfer sieht, macht sich schon rein gedanklich zum Opfer. Wer sich als jemand sieht, der durch Herausforderungen wächst, der wird auch an diesen Herausforderungen wachsen. Gedanken und Worte sind Wegweiser für die Energien, die wir anziehen, mit denen wir uns verbinden, um Taten und Handlungen auszulösen.

Affirmationen: Gedanken zielorientiert formulieren

Wir wollen nicht nur unseren Gesprächsstil und unser Verhalten erkennen und analysieren, sondern auch eine inhaltliche Gesprächskultur entwickeln. Themen, die nur dazu führen, dass man Positionen wiederholt, die man von seinem Gesprächspartner schon kennt, sind weitgehend unproduktiv. Beim Gespräch ist es wichtig, neue Erkenntnisse zu gewinnen und neue Wege aus Sackgassen zu finden. Entscheidend ist dabei, dass wir uns ganz gezielt darauf einstellen, eine Lösung finden zu wollen. Die nachfolgenden Affirmationen bieten dafür eine unterstützende Basis.

»Ich bin mir immer und überall bewusst, dass meine Gedanken die Basis für meine Sprache sind. Ich akzeptiere daher nur Gedanken, die sich sprachlich positiv formulieren lassen.«

»Ich kann meine Lebensqualität immer verbessern.«

»Ganz gleich, welche Schwierigkeit sich mir in den Weg stellt, ich finde immer eine Lösung, um meine Situation zu verbessern.«

»Bei Gesprächen achte ich immer darauf, klar zu kommunizieren. Dies gilt auch für alle anderen Dinge, die Sie sich vornehmen. Achten Sie immer darauf, sich möglichst klar und konstruktiv zu äußern.

11
Das Erfolgsgesetz der Imagination

Das, was wir uns bildhaft vorstellen, was uns erfüllt, beginnt sich für uns zu verwirklichen und spricht unser Unterbewusstsein direkt an. Stellen wir uns ganz bewusst die Dinge vor, die wir verwirklichen wollen, so kann sich unser Leben sehr schnell ändern, und wir werden unsere Ziele rascher erreichen.

Mit der mentalen Technik des Visualisierens können Sie die innere Bilderwelt mit mentalen Programmen versehen, die dafür sorgen, dass Ihre Vorstellungen und Wünsche erfolgreich umgesetzt werden. Mit der Technik des Visualisierens helfen Sie Ihrem Unterbewusstsein, die Verwirklichung von Plänen voranzutreiben. Die Sprache der Bilder ist die Sprache des Unterbewusstseins. Innere Bilder, die mit entsprechenden positiven Emotionen besetzt sind, wirken motivierend auf alle Bereiche, die dazu beitragen, diese Bilder zu verwirklichen. Das menschliche Gehirn agiert ganz gezielt und setzt dabei die ganzheitlichen Fähigkeiten der rechten Gehirnhälfte ein.

Prinzipiell ist es nicht sinnvoll, das Unterbewusstsein mit Werbespots zu füttern, aber wer sich Anregungen für das »Drehen« eigener »Motivations-Spots« holen möchte, kann von den professionellen Medienmachern manches lernen. Jeder Werbespot hat die Aufgabe, gezielt zu einer Handlung (Kauf) zu motivieren. Ihre eigenen »Filme« zur Mobilisierung von Energien können Sie ohne teure

Aufwendungen produzieren. Was Sie dazu brauchen, haben Sie alles ständig bei sich: Ihre Vorstellungskraft.

Am sinnvollsten ist es, wenn Sie die Methode des Visualisierens für die von Ihnen selbst gewählten und gewünschten Ziele einsetzen. Sie produzieren einen »Motivations-Spot«, um die Dinge in Ihr Leben zu bringen, die Sie sich wünschen. Wenn Sie nun beginnen, in Ihrer inneren Bilderwelt zu forschen, was denn Ihre Wünsche sind, so sind Sie gut beraten, sich jedes Mal zu fragen, ob diese Wünsche von außen an Sie herangetragen wurden oder ob sie tatsächlich aus Ihrem persönlichen Wesenskern entspringen.

Für Kinder ist das Leben in imaginierten Welten noch selbstverständlich. Die Rollenspiele, die sie ganz besonders lieben, fördern diese Fähigkeit. In späteren Jahren wird diese Begabung von vielen Menschen vernachlässigt. Zu oft haben sie gehört, dass sie mit diesen Fantasien nun endlich aufhören sollen; es lenke zu sehr von der Wirklichkeit ab. Aber Wunschvorstellungen entfernen uns nicht von der Wirklichkeit, sondern sie führen ganz gezielt zu neuen Ausgangssituationen. Sie sind das Sprungbrett in eine neue Wirklichkeit.

Zuerst muss man sich auf das Wesentliche konzentrieren, um dann die Energie auf all die Bereiche auszudehnen, die mit eingebunden werden sollen. Dabei kommt es immer darauf an, dass nicht nur die Quantität der Energie, die eingesetzt wird, stimmt, sondern vor allem auch die Qualität. Damit die Energiequalität genau mit den Intentionen übereinstimmt, die Sie sich vornehmen, muss das energetische Umfeld

entsprechend ausgerichtet werden. Entscheidend ist dabei die richtige Vorgehensweise.

Konzentrieren Sie sich zuerst darauf, herauszufinden, was Sie wirklich möchten — eine neue Wohnung, neue Freunde, andere Hobbys, mehr Zeit für sich etc. Überlegen Sie sich die Vor- und Nachteile, versuchen Sie zu spüren, wie es sich in konkreten Alltagssituationen anfühlt, wenn das Ergebnis wirklich erreicht wird. Dazu können Sie Ihre Vorstellungskraft benützen.

Nehmen wir einmal ein Beispiel aus der Praxis. Herr B. besaß ein Häuschen in einer ruhigen und schönen Gegend direkt an einem See. Das Haus hatte nur einen Nachteil, die Fenster waren nicht gut isoliert und hatten eine sehr schlechte Lärmdämmung. B. hatte gerade die letzte Rate für die Hypothek bezahlt. Sein Entschluss stand fest: »Ich kaufe mir ein neues Haus, es soll noch näher beim See liegen.« Dafür war er bereit, sich mindestens in der gleichen Höhe noch einmal zu verschulden. Beim ersten Hauskauf hatte er die eine Hälfte bar bezahlt und für die zweite Hälfte eine Hypothek aufgenommen.

Jetzt sagte er sich: »Ich habe es schon einmal geschafft, eine derartige Hypothek zurückzuzahlen, was zwar eine straffe und sparsame Haushaltsführung erforderlich gemacht hat, aber ich kann ja sehr genügsam sein.« Er war auch sehr stolz, jetzt vollkommen schuldenfrei zu sein.

Mit seiner Frau hatte er inzwischen drei Kinder, die in die Schule bzw. den Kindergarten gingen, beide lagen ganz in der Nähe. Sein Einkommen als Beamter hatte sich in den letzten Jahren verbessert, und nun war auch noch seine Frau

halbtags berufstätig. Allerdings stiegen auch die Ausgaben für die Kinder.

Herr B. schaute sich nun seit einigen Monaten die Lage am Immobilienmarkt an und fand schließlich ein Angebot für eine Frühstückspension, in der auch noch genug Platz für eine Wohnung war. Er war sofort begeistert. Sie würden einen wunderschönen Ausblick auf den See haben und dann auch noch Besitzer einer eigenen Pension sein. Die Touristen, die im Sommer die Festspiele besuchen und die schöne Lage mit Seeblick genießen würden, wären dann seine Gäste. Seine Frau würde sich um die Gäste kümmern und müsste nicht mehr außer Haus eine Arbeit annehmen.

Nichts war schöner als diese Vorstellungen. Dazu kam noch der günstige Preis. Jetzt hing der Himmel voller Geigen, und es schien so, als ob er zu einem ganz besonderen Glücksfall nur mehr Ja sagen müsste. Ein letztes endgültiges Kaufgespräch war schon vereinbart. Alles Weitere schien nurmehr Formsache zu sein. Er überlegte sich sogar schon, wie er den erfolgreichen Kauf feiern würde. Er malte sich aus, welchen Eindruck das auf seine Arbeitskollegen und seine Eltern machen würde, wenn er neben seinem Job als Beamter nun auch noch eine Frühstückspension sein Eigen nennen könnte.

Um ganz sicherzugehen, dass das auch für seine Familie das Beste wäre, überprüfte er seine Wunschvorstellungen mit der mentalen Technik des Visualisierens.

Zuerst stellte sich Herr B. einen Arbeitstag und einen Sonntag jeweils zu den vier Jahreszeiten vor, einmal für sich, dann für seine Frau und die Kinder.

Die Vorstellung begann mit dem Aufstehen. Wie lange dauert die Fahrt zur Arbeit? Hier kam bereits die erste Ernüchterung. Bisher stand Herr B. um halb sechs auf, nahm kurz nach sechs den Zug und war um sieben am Arbeitsplatz. Aber nun müsste er mit dem Bus fahren, der für diese Strecke eine Stunde länger benötigte. Also musste er sich nun vorstellen, wie es wäre, bereits um halb fünf aufzustehen. Das hieß, vor allem früher schlafen zu gehen. Aber die Zeit abends war ja schon so ausgefüllt, also eher weniger schlafen.

Dann kam er auf seiner Vorstellungsreise zur Heimfahrt, die müsste er entweder früher vornehmen, oder er würde nochmals später zu Hause ankommen. Es blieb eigentlich nur die Möglichkeit, später anzukommen, was bedeuten würde, er hätte noch weniger Freizeit oder Schlaf. Schließlich kam er bei dieser Übung zum Winter. Die Fahrzeiten würden sich bei winterlichen Fahrbedingungen deutlich verlängern. In dieser Jahreszeit müsste er dann noch früher aufstehen und würde noch später nach Hause kommen. Herr B. war aber sehr hart zu sich und bereit, sich auch größere Belastungen aufzuhalsen. Dennoch war schon ein Teil der Euphorie verflogen.

Jetzt zählten vor allem noch die Vorteile für seine Frau, die ja zu Hause arbeiten könnte. Aber hier war die Situation genau umgekehrt, im Winter war es wesentlich günstiger für sie und die Kinder, denn da waren ja keine Gäste im Haus. Im Sommer dagegen, während der schönsten Jahreszeit am See, würde die meiste Arbeit anfallen. In den Ferien, wenn sich die Kinder besonders austobten, würde es nun

notwendig werden, auf die Gäste Rücksicht zu nehmen, die ja hauptsächlich in den Monaten Mai bis September Urlaub machen.

Die Anwendung mentaler Techniken mit konkreten Vorstellungen aus dem Alltag führte zu einer ganz neuen Gesamtsicht. Herr B. hat auf diese Weise herausgefunden, dass die als große Chance gesehene Möglichkeit, Besitzer einer Frühstückspension mit wunderbarem Blick auf den See zu werden, mit vielen vorher nicht erkennbaren Tücken gespickt war. Nur die Methode der vorausschauenden energetischen Wahrnehmung ermöglichte es, die beste Entscheidung für alle Beteiligten zu treffen.

Man kann diese mentale Technik des Visualisierens natürlich auch auf Partnerschaften, Jobangebote, Ausbildungsentscheidungen, persönliche Fortbildung und anderes anwenden. Die Methode bleibt die gleiche. Zuerst fasst man seine bisher gemachten Vorstellungen zusammen: Was erwarte ich mir? Was bringt das für die anderen Betroffenen? Dann imaginiert man die ins Auge gefasste Lösung mit allen Konsequenzen. Das vorausschauende Energie-Simulationsmodell bringt all die verborgenen Vor- und Nachteile ans Tageslicht. Entscheidungen können so schon im Voraus überprüft werden.

Diese Methode können Sie, wenn Sie die Fähigkeit des empathischen Empfindens einsetzen, auch dazu heranziehen, sich in die Gefühlswelt eines anderen Menschen hineinzuversetzen. Aber das funktioniert nur, wenn man mit viel Respekt und Hochachtung für andere Menschen an die Sache herangeht. Wer nicht in der Lage ist, einem anderen Menschen

mit genauso viel Liebe und Achtung energetisch zu begegnen wie sich selbst, der wird mit dieser Methode in diesem Bereich niemals erfolgreich sein. Denn die energetischen Tore zu anderen Menschen schließen sich sofort, wenn nicht schon zu Beginn des Unterfangens ein hohes Maß an Sensibilität und Einfühlungsvermögen eingebracht wird.

Visualisieren auf der emotionalen Ebene

Die Technik des Visualisierens eignet sich ganz besonders dafür, Probleme des Alltags erfolgreich zu meistern und sich über schwierige Entscheidungen im Voraus klar zu werden. Beim Visualisieren können Sie sich im Vorhinein in bestimmte Situationen hineinversetzen und so auch Ihrem Unterbewusstsein übermitteln, wie Sie sich den Ablauf einer schwierigen Situation oder einer komplizierten Arbeit vorstellen. Die Technik des Visualisierens wird von allen Spitzensportlern ständig eingesetzt: Sie stellen sich jeden Bewegungsablauf schon im Voraus auf ihrem inneren Bildschirm vor. Wer einen Vortrag hält, stellt sich den Inhalt und seine Rede im Voraus vor. Er visualisiert, an welchen Stellen er Pausen macht, wo eine Pointe eingebracht werden könnte, welche sprachlichen Formulierungen besonders griffig sind, um die Aufmerksamkeit der Teilnehmer zu gewinnen.

Beim Visualisieren sind Sie der Regisseur, der einen Filmspot für eine Szene aus seinem künftigen Leben dreht.

Damit erreichen Sie zwei Dinge auf einen Schlag: Erstens stellen Sie sich vor, wie diese Szene ablaufen soll, und bringen damit Ihre Wunschvorstellungen ein, und zweitens erleben Sie sozusagen energetisch im Voraus, was sich abspielen könnte. Was unterscheidet nun das Visualisieren von dem Kreieren von Wunschbildern und dem einfachen Sich-etwas-Vorstellen?

Beim Visualisieren schlüpfen Sie in eine ganz bestimmte Rolle, erleben ein ganz bestimmtes Geschehen oder eine ganz spezielle Situation und sind energetisch »live« dabei. Sie spüren den Stress, die Anspannung und die Unsicherheit, eben alles, was zum visualisierten Geschehen gehört, und alles läuft nach realistischen Vorstellungen ab.

Wunschbilder, die von den Werbeprofis für Sie kreiert wurden, sehen etwa so aus: Ein sportliches Cabriolet fährt eine Küstenstraße entlang, eine malerische Landschaft, strahlender Sonnenschein, kein Verkehr, nur unberührte Natur. Sie wohnen allerdings in einer Großstadt und fahren frühmorgens in dichtem Frühverkehr zur Arbeit. Die Sonne scheint erst dann, wenn Sie schon mehrere Stunden an Ihrem Arbeitsplatz verbracht haben, und der Urlaub in der Toskana ist noch nicht einmal geplant.

Einfache Vorstellungen entstehen meistens nach dem Schema: Wie schön wäre es doch, wenn das, was mich stört, nicht vorhanden wäre. Also, ich wünsche mir eine zentral gelegene Wohnung direkt am Waldrand in ganz ruhiger Lage, aber mit U-Bahn-Anschluss vor der Haustür.

Beim Visualisieren spielt die emotionale Ebene grundsätzlich eine herausragende Rolle, denn die Emotion ist das

verbindende Element jeglichen Geschehens. Dabei kommt es darauf an, mit Gespür zu agieren und die Gefühlsantennen auszustrecken. Es gilt herauszufinden, was für Sie wichtig ist, um Ihre emotionalen Bedürfnisse zu befriedigen. Die Erfolge, die Sie im mentalen oder spirituellen Bereich erzielen, hängen von Ihrer emotionalen Einstellung ab. Jeder Mensch braucht ein Mindestmaß an Aufmerksamkeit und Zuwendung sowie andere Menschen, mit denen er seine Probleme besprechen kann.

Bei den Bedürfnissen, die man befriedigen, und den Zielen, die man erreichen möchte, sollte man stets die emotionalen Anteile berücksichtigen. Wer das emotionale Bedürfnis der Anerkennung nicht in dem Bereich befriedigt, in dem es seinen Ursprung hat, der entwickelt ein kompensierendes Verhalten.

Statt Zuwendung zu erreichen, versucht er, der Umwelt zu zeigen, wie erfolgreich er ist. Er umgibt sich mit Statussymbolen. Im Beruf führt das dann dazu, dass der Betreffende hauptsächlich um Kompensation für entgangene Anerkennung bemüht ist: Wie sieht der Arbeitsplatz aus? Wie wirkt er auf andere? Zeigt er die besondere Stellung? Und so weiter.

Ein solcher Mensch will einen Raum, der größer oder heller ist als die Büros der Kollegen. Alles muss ausstrahlen: »Ich bin jemand, ich habe es geschafft.« Alle Einrichtungsgegenstände werden nach dieser Qualität ausgesucht, sie sind nur dazu da, Signale über die Bedeutung des Betreffenden auszusenden. In einer solchen Umgebung ist es sehr einfach, »energetisch zu lesen«, um was es dabei geht. Aber man kann auch spüren,

dass hier eine ausgesprochene Leere vorhanden ist. Da das ursprüngliche Bedürfnis aber nicht befriedigt worden ist, sondern nur eine Ersatzbefriedigung stattfindet, wird ein Übermaß an emotionaler Bewunderung erforderlich. Der, der hier emotionale Bewunderung spendet, bekommt nichts zurück, da die dadurch entstehende emotionale Beziehung nur eine Einbahnstraße ist. Jemand will etwas bekommen, aber dafür nichts geben, weil er ja nicht das bekommt, was wirklich sein Bedürfnis ist.

Ähnlich ist die Situation auf der energetischen Ebene beim Selbstmitleid. Wenn die Dinge nicht so laufen, wie wir uns das vorstellen und wünschen, fällt es schwer, uns nicht selbst zu bedauern.

Wir spenden uns selbst Trost. Aber das Selbstmitleid verhindert, dass wir notwendige Konsequenzen ziehen und unser Verhalten ändern. Durch Selbstmitleid bekommt man rasch Zuwendung von den anderen, doch diese energetische Zuwendung führt nicht zu einer grundsätzlichen Änderung. Sie wirkt zwar kurzfristig aufbauend, aber da sie auch angenehm ist, gewöhnt man sich leicht daran. Es gibt Menschen, die regelrecht »selbstmitleidsüchtig« sind.

Selbstmitleid, gepaart mit der ständigen Suche nach Zuwendung, ist eine verdeckte Form energetischer Ausnützung. Aber viel schlimmer ist noch, dass es uns daran hindert, eine gute Arbeit zu leisten und das bestehende Handicap zu beseitigen. Wer ernsthaft an sich zu arbeiten bestrebt ist, der hält sich nicht mit Selbstmitleid auf, sondern nützt seine Zeit für die eigene Weiterentwicklung. Wenn Sie das Gefühl haben, ungerecht behandelt oder benachteiligt

worden zu sein, versuchen Sie sofort, die Situation wieder ins Gleichgewicht zu bringen. Um eine gewisse emotionale Autonomie zu erreichen, ist es notwendig, sich von den Urteilen und Ansichten der anderen unabhängig zu machen. Man erwartet ja auch von den heranwachsenden Kindern, dass sie selbstständiger und unabhängiger werden. Sie sollen lernen, ihr Zimmer aufzuräumen und die Schulaufgaben alleine zu machen.

Wenn Kinder das nicht ihrem Alter entsprechend lernen, besteht die Gefahr, dass der schulische Erfolg ausbleibt. Bei einem Universitätsstudium wird eigenständiges Arbeiten vorausgesetzt. Im Beruf sind selbstständiges Arbeiten und Denken vielfach unbedingt erforderlich.

Kinder, die aus wohl- und überbehüteten Familien stammen, haben es meistens schwer, sich darauf umzustellen, unabhängig und selbstständig zu handeln. Ohne Vorgaben sind sie hilflos. Das führt dazu, dass andere ihnen sagen, was und manchmal sogar wie sie es machen sollen. Sie bekommen dadurch häufig weniger verantwortungsvolle Jobs und bleiben hinter den Erwartungen zurück. Erst wenn der Mut zurückerobert wird, diese durch die Erziehung erzeugten Barrieren zu überwinden, kann die Selbstständigkeit ausgebaut werden.

Der gezielte Einsatz von Visualisierungen, die diese Selbstständigkeit als Ziel vorwegnehmen, kann wichtige Entwicklungsschritte beschleunigen.

Visualisieren auf der mentalen Ebene

Vielen Menschen wird an einem bestimmten Punkt in ihrem Leben klar, dass ihr Beruf ihnen nicht die Erfüllung bringt, die sie erwartet haben. Oft verlangt eine Arbeit bestimmte Fähigkeiten, aber die eigenen Stärken liegen eigentlich in anderen Bereichen. Das kann sowohl während der Ausbildung als auch später im Beruf erkennbar werden. Menschen probieren ihre Fähigkeiten aus, spüren aber nach einiger Zeit, dass sie für andere Tätigkeiten begabter sind. Scheuen Sie sich nicht, mehrere Bereiche auszuprobieren, wobei auch die mentale Stimmigkeit sowie das Verhältnis von Unter- zu Überforderung berücksichtigt werden sollten.

Um herauszufinden, ob Sie für etwas geeignet sind, sollten Sie einfach einmal eine praktische Situation des gewünschten Berufes visualisieren. Durch dieses konkrete energetische Hineinversetzen ist es möglich, sehr präzise und sehr umfassend Einblicke über sich und seine Motivation zu erhalten. Ist die grundsätzliche Frage, was Sie machen wollen, geklärt, können Sie die Technik des Visu-alisierens wiederum einsetzen, um die Fähigkeiten zu entwickeln, die Sie zum Erreichen Ihrer Ziele benötigen.

Ihr Verhalten, Ihre Charakterzüge, ja Ihr ganzes Wesen können Sie verändern, wenn Sie die unbewussten Schichten Ihres Seins mit klaren Bildern und Vorstellungen versorgen. Kraftvolle und lebhafte Bilder, die durchaus übertrieben sein dürfen, wirken besonders stimulierend auf die Aktivitäten der rechten Gehirnhälfte.

Visualisieren auf der spirituellen Ebene

Das Samenkorn zum Erfolg liegt in jedem von uns, sei es im Beruf, in der Familie, in der Beziehung oder anderen Bereichen. Prägungen aus der Vergangenheit beeinflussen unsere Entscheidungen und sind verantwortlich dafür, ob wir Erfolg oder Misserfolg in unserem Leben zulassen. Durch energetisches Auflösen negativer Muster erlauben wir unserer Lebensenergie, wieder frei zu fließen. Jedem von uns steht Erfolg zu. Denn er ist der kreative Ausdruck unseres wahren Selbst und beschert uns ein besseres Lebensgefühl.

Beim Visualisieren von spirituellen Zielen ist darauf zu achten, dass der Wunsch, der erfüllt werden soll, von Herzen kommt. Die spirituelle Dimension zeichnet sich prinzipiell dadurch aus, dass nicht das rasche, schnelle Handeln gefordert ist, sondern ein klares entschiedenes Wollen, das von einer inneren Sehnsucht genährt wird.

Es geht dabei nicht um besitzergreifendes Verlangen, sondern um ein klares Ziel. Fragen Sie sich: »Will ich das wirklich?«, und spüren Sie dann, wie das Bild des erfüllten Wunsches auf Sie wirkt. Aus spiritueller Sicht ist es wichtig, sinnvolle Ziele anzustreben, die von Ihrem innersten Wesen getragen und akzeptiert werden.

Spirituelle Ziele erfordern Ausdauer und müssen unbeirrt von der öffentlichen Meinung und der Unterstützung anderer umgesetzt werden. Der Wunsch, der Glaube und das Wollen müssen eine Einheit bilden. Der Wunsch

ist sozusagen die Vision. Der Glaube mobilisiert die innere Bereitschaft, die eigenen Fähigkeiten für dieses Ziel einzusetzen, zu entwickeln und zu vertiefen. Das Wollen setzt voraus, dass Sie Ihren Wunsch und seine Erfüllung auch annehmen können.

Manchmal begnügen wir uns damit, ein Ziel nur erreichen zu wollen, anstatt es klar und eindeutig anzustreben. Man hat schon einen ganzen Koffer voller Ausreden im Gepäck, warum die Umstände und die Umgebung es so unendlich schwer machen, das Ziel zu erreichen. Dadurch braucht man sich nicht für die Verwirklichung des Ziels verantwortlich zu fühlen und kann trotzdem immer so tun, als ob man noch ganz bei der Sache wäre. Es ist daher wichtig, nicht nur einen Teilaspekt der angestrebten Veränderung anzunehmen, sondern alle sich daraus ergebenden Konsequenzen, alle Vor- und Nachteile.

Übungen zum Gesetz der Imagination

Die Imaginationsfähigkeit ist zwar prinzipiell bei allen Menschen angelegt, aber entsprechend gepflegt oder gar systematisch trainiert wird diese Fähigkeit nicht allzu oft.

Mit der folgenden Übung werden Sie positive Ideale für besonders produktives Arbeiten als Samenkörner in Ihr Unterbewusstsein pflanzen. Bei entsprechender regelmäßiger Übung werden diese Samenkörner sprießen und gedeihen und zu prägenden Charaktermerkmalen heranwachsen. Um eine erkennbare Wirksamkeit zu erzielen, ist

es allerdings erforderlich, dass die Übung mindestens eine Woche lang täglich durchgeführt wird.

Entspannen Sie sich, wie in der Übung zum Erlangen der Bewusstseinskompetenz (Kap. 2) beschrieben. Sprechen Sie dann voller Überzeugung die folgenden Affirmationen:

»Ich werde an jede neue Aufgabe vollkommen konzentriert und mit ganzer Aufmerksamkeit herangehen. Alle Gedanken und Gefühle, die nichts mit dieser Tätigkeit zu tun haben, lasse ich ziehen. Ich gehe ganz in dieser Aufgabe auf, denn sie ist mir wichtig, und ich will sie rasch, effizient und qualitativ hervorragend erledigen. Ich will diese Aufgabe so bewältigen, dass ich darauf stolz sein kann.«

»Ich freue mich, dass es mir jetzt so rasch gelingt, mich voll und ganz auf eine Sache zu konzentrieren, mich nicht ablenken zu lassen, und dass ich gleichzeitig offen bin für schöpferische Eingebungen.«

»Jede neue Aufgabe möchte ich nunmehr in dieser positiven Haltung beginnen. Die Konzentration auf eine Sache fällt mir von Mal zu Mal leichter, und es wird für mich ganz selbstverständlich, mich jetzt bei jeder neuen Aufgabe so zu verhalten. jede neue Arbeit werde ich mit Freude, Zuversicht und Selbstzufriedenheit beginnen.«

Nach einer Woche, während der diese Übung konsequent durchgeführt wurde, wird die so erzeugte Einstellung ganz automatisch zu einem Bestandteil des Verhaltensrepertoires.

Das Gesetz des Visualisierens bewusst anwenden

Um die Technik des Visualisierens erfolgreich einsetzen zu können, ist es erforderlich, die unbewussten Widerstände gegen den Erfolg, gegen das Entwickeln einer Erfolgsstrategie und eines grundlegenden Erfolgsgefühls zu erkennen und energetisch aufzulösen. Entspannen Sie den ganzen Körper und gehen Sie mit Ihrem Bewusstsein in Ihr Herzzentrum. Dieses energetische Zentrum befindet sich im Zentrum der Brust und reicht bis zur Wirbelsäule.

Wenn Sie Ihr Bewusstsein auf diesen Punkt konzentrieren, können Sie von dort aus Widerstände aufspüren, die Sie daran hindern, Ihr Selbstwertgefühl zu stärken, die Ihnen vielleicht sagen, dass Erfolge auch Gefahren bergen und Ähnliches. Diese kontraproduktiven Stimmen sind Ausdruck negativer Bilder oder negativer Glaubenshaltungen. Sie malen Ängste und mögliche Konsequenzen an die Wand und wollen Sie daran hindern, ein positives Erfolgsgefühl zu entwickeln. Indem Sie versuchen, sich dieser hemmenden Gefühle bewusst zu werden, schaffen Sie energetisch die Voraussetzung, diese Gefühle zu verändern.

Sagen Sie sich immer: »Ich habe ein Recht auf Erfolg im Beruf, im Privatleben, in der Partnerschaft und bei allen meinen Aufgaben, die ich mir vornehme.«

Stellen Sie sich nun einmal konkret vor, was für Sie Erfolg im Beruf, im Privatleben, in der Partnerschaft oder anderen Bereichen bedeutet. Dabei kommt es darauf an, sich auch vorzustellen, wie man diesen Erfolg genießt und wie dieses

freudige Erfolgsgefühl möglichst zu einem festen Bestandteil im Gefühlsspektrum wird.

Einen positiven Arbeitstag visualisieren

Imaginieren Sie einen positiven Arbeitsalltag: Stellen Sie sich am Morgen vor, welche Anforderungen Ihnen der anbrechende Arbeitstag abverlangt. Stellen Sie sich Ihren Arbeitsplatz und die Arbeitskollegen möglichst bildhaft vor Ihrem inneren Bildschirm vor. Lassen Sie alles, was Sie an diesem Tag erledigen wollen, kurz im Geiste vorbeiziehen.

Nun entspannen Sie sich ganz tief, wobei Sie Ihren Arbeitsplatz auf Ihrem inneren Bildschirm immer klar sichtbar vor sich haben. Sie sehen Ihren Arbeitsplatz, Ihre Kollegen und wie Sie voll konzentriert, und ohne sich ablenken zu lassen, mit Ihrer Arbeit beginnen. Sie haben sich genau überlegt, welche Reihenfolge für den Arbeitsablauf am günstigsten ist. Sie sind vollkommen gelassen und entspannt, haben Freude an der Arbeit, und die Konzentration ist weiterhin gut. Jede Tätigkeit steigert Ihr Selbstvertrauen und Ihre Selbstzufriedenheit. Auch Ihre Arbeitskollegen spüren diese neu gewonnene Zufriedenheit. Sie selbst merken, wie alle Gedanken, die nichts mit Ihrer Arbeit zu tun haben, verschwinden und Sie sich ganz auf Ihre Tätigkeit konzentrieren können.

Wenn Sie sich so eine Woche lang täglich auf Ihre Tätigkeit vorbereitet haben und alles bereits vorher auf Ihrem inneren Bildschirm ablaufen ließen, werden Sie feststellen, wie hervorragend diese schöpferische Visualisierung ist.

Sie werden erkennen, wo Sie die Arbeitsabläufe noch ändern und rationeller gestalten sollten und wie Ihr Selbstwertgefühl noch zu stärken wäre.

*Die eigene mittel- und längerfristige
Entwicklung visualisieren*

In der vorhergehenden Übung haben wir uns damit beschäftigt, wie Sie den Tagesablauf durch Imagination verbessern können. In dieser Übung wollen wir visualisieren, wie Sie mittel- und längerfristig Veränderungen herbeiführen können. Denn kraftvolle Bilder erzeugen kraftvolle Impulse oder Veränderungen.

In welchen Bereichen möchten Sie mittel- bis längerfristige Veränderungen herbeiführen? Vielleicht im privaten Bereich? Oder wollen Sie Ihre körperliche Fitness verbessern, Ihren Lebensstil an neue Einsichten und Perspektiven anpassen? Wollen Sie die energetische Wahrnehmung weiter schulen und auch im beruflichen Alltag einsetzen? Wollen Sie ganz neue Energiequalitäten zu einem festen Bestandteil Ihres kommenden Lebensabschnitts machen? Wollen Sie Ihrer spirituellen Entwicklung ganz gezielt einen größeren Raum geben? Wollen Sie in Ihrer Partnerschaft, in Ihrer Beziehung etwas Grundlegendes ändern?

Haben sich Ihre Prioritäten betreffend Karriere und Einkommen geändert? Was immer Sie im Leben ändern wollen, das Imaginieren all dieser Veränderungen, das energetische Ausprobieren von neuen Entwicklungsschritten werden Sie ein großes Stück weiter in Richtung des ange-

strebten Ziels bringen. Wenn Sie sich noch nicht ganz klar darüber sind, wie Sie sich entscheiden sollen, dann ist die nachfolgende Imagi-nationsübung genau richtig für Sie. Für den Fall, dass Sie schon eine Entscheidung getroffen haben, ist diese Übung aber gleichfalls hilfreich, denn sie unterstützt Sie darin, Ihre innere Führung zu verbessern.

Entspannen Sie sich völlig, atmen Sie tief und gleichmäßig ein und aus, und gehen Sie ganz in diesem Rhythmus auf. Nun konzentrieren Sie sich auf Ihren inneren Bildschirm. Nehmen Sie Kontakt zu Ihrem inneren Führer oder Ihrer inneren Führerin auf und fragen Sie, was Sie alles machen können, um diesen Kontakt zu verbessern und die energetische Beziehung zu Ihrer inneren Führung zu intensivieren. Nehmen Sie sich für diese Übung anfangs 15 bis 20 Minuten Zeit. In späteren Sitzungen können Sie die Zeit entsprechend ausdehnen oder auch abkürzen. Nehmen Sie sich für Ihre Kontakte also die Zeit, die Sie benötigen, um auch den entsprechenden Rahmen der Kontaktaufnahme zu wahren.

Abschließend bedanken Sie sich bei Ihrem inneren Führer oder Ihrer inneren Führerin für das Gespräch und die Beratung und fügen Sie hinzu, dass Sie sich schon auf den nächsten Kontakt freuen. Dadurch bereiten Sie sich auf diese innere Beziehung vor und schaffen eine feste innere Verbindung.

12
Das Erfolgsgesetz des Glaubens

Der Glaube ist immer und überall im Spiel. Viele Menschen stehen dem Glauben mit Skepsis gegenüber. Sie vertrauen voll und ganz auf die Wissenschaft. Aber auch dieses Vertrauen basiert letztendlich auf einem Glauben - dem Glauben, dass die Fragen und Antworten, die uns bewegen, nicht in uns liegen, sondern nur im objektiven Äußeren. Die spirituelle Dimension des Glaubens aber weist den Weg in das eigene Innere. Der Glaube an uns selbst und unsere Fähigkeiten schafft eine subjektive Realität, die sich an unseren persönlichen Voraussetzungen orientiert, vor allem daran, welche Werte wir für richtig und welche wir für falsch halten.

Die Wissenschaft kann keine Antwort darauf geben, wer der richtige Partner ist, welche Kleidung zu welchem Anlass passt, wie das Privat- und Berufsleben zu organisieren sind, wie man die Kinder erziehen soll. Trotzdem kann die Wissenschaft auf bestimmte, klar abgegrenzte Fragestellungen eine entsprechend abgegrenzt gültige Antwort geben.

Was aber nicht bedeutet, dass damit unsere subjektive Situation geklärt werden könnte.

Wer glaubt, mit Wissenschaft könnte man die Welt regieren oder auch nur eine Volkswirtschaft steuern, der traut der Wissenschaft zu viel zu.

Das Gesetz des Glaubens auf der emotionalen Ebene

Der Glaube kann eine unerschütterliche Energie sein. Der Glaube kann Berge versetzen — so kann man es in der Bibel lesen. Tatsächlich ist der Glaube umso stärker, je mehr man sich wünscht, dass das, woran man glaubt, auch Wirklichkeit ist oder zumindest werden kann.

Die enorme Energie, die ein unerschütterlicher Glaube erzeugt, macht es möglich, Dinge, die unmöglich erscheinen, zu erreichen. Denn der Glaube fokussiert und konzentriert die Energie auf ein ganz bestimmtes Ziel. Blinder Glaube kann aber die Sicht auch zu sehr verengen, kann zu viel anderes ausklammern. Es ist daher wichtig, dass sich der Glaube auf der emotionalen Ebene auf konkrete positive Dinge beschränkt. Denn der Glaube, dass negative Ereignisse eintreten könnten, ist kontraproduktiv.

Eine wichtige positive Grundeinstellung ist die, dass alles, was uns in diesem Leben begegnet, dazu geeignet ist, etwas daraus zu lernen. Jedes Ereignis bietet die Möglichkeit, Weisheit zu mehren. Es kommt im Leben nicht darauf an, keine Fehler zu machen und sich aus dem Leben herauszuhalten, sondern darauf, aus Fehlern zu lernen und sich gezielt weiterzuentwickeln.

Wer die anderen für sich entscheiden lässt und sich darauf spezialisiert, das zu machen, was andere von ihm erwarten, läuft Gefahr, die Selbstachtung zu verlieren. Wer Ideen, Vorstellungen und Ziele entwickelt, braucht auch die Gelegenheit, sie zu verwirklichen, sie so umzusetzen, wie er

sich das vorgestellt hat. Denn durch erfolgreich umgesetzte Vorstellungen entsteht das lebensnotwendige Gefühl, sich selbst vertrauen zu können, sich zuzutrauen, dass man das umsetzen kann, was man sich vorgenommen hat.

Der Glaube an den göttlichen Wesenskern in uns führt zu einem Selbstbewusstsein, das unabhängig von Erfolgen und äußerer Anerkennung ist. Außerdem hilft er uns, uns mit allen Menschen und mit der Natur in Einklang zu bringen. Dieser Glaube stützt uns in Krisenzeiten und ist der Hoffnungsschimmer am Horizont, der nie untergeht, der uns immer wieder Kraft gibt, uns zu vertrauen, neu anzufangen oder Veränderungen durchzuführen. Oder wie Jesus sagte: »Dir geschehe nach deinem Glauben.«

Das Gesetz des Glaubens im mentalen Bereich

Der Glaube im mentalen Bereich sagt, dass es für jedes Problem eine Lösung gibt. Man muss nur daran glauben und die Hoffnung nicht aufgeben, diesen Weg zu finden. Die Kraft des Glaubens erzeugt nämlich die Energie, die uns mit den entsprechenden »Lösungsenergien« in Verbindung bringt. Ist der Glaube stark genug, bekommen wir plötzlich aus unserer Umgebung Hinweise, die uns weiterführen. Plötzlich spricht jemand über das Thema, das uns gerade so beschäftigt und für das wir dringend eine Lösung suchen. Wie vom »Zufall« gelenkt, stoßen wir auf Bücher, die uns mit neuen Ideen zu diesem Thema in

Kontakt bringen. Auf einmal kommt etwas in Bewegung. Eine positive Erwartungshaltung wirkt wie ein kosmischer Staubsauger, mit dem wir positive Ergebnisse anziehen.

Der Glaube an unsere spirituelle Bestimmung

Das spirituelle Grundbedürfnis besteht darin, der Welt und unseren Mitmenschen verbunden zu sein. Mit der Kraft des Glaubens schwingen wir uns in eine energetische Ebene ein, die bei entsprechender Einstellung unseres Bewusstseins einen Informationsfluss in Gang bringt. Auch hier gilt, dass wir den Sender, den wir bei uns einstellen, auch empfangen. Wer nie ganz bewusst und gezielt seine ihm entsprechende spirituelle Quelle gesucht hat, der wird der festen Überzeugung sein, dass es sie nicht gibt. Das Bedürfnis und der Wunsch, sie zu finden, müssen vorhanden sein. Man muss an die Quelle glauben und ihr vertrauen, erst dann können wir uns mit ihr spirituell verbinden. Spirituelle Autonomie können wir nur erlangen, wenn wir uns selbst Klarheit darüber verschaffen, was unser spirituelles Ziel ist und wie wir vorgehen, um genau das zu erreichen. So steht einer spirituellen Beziehung nichts mehr im Wege.

Übungen zum Gesetz des Glaubens

Der Glaube hat wie die Imagination seinen Sitz in der rechten Gehirnhälfte. Denn das Gehirn ist so organisiert, dass die linke Hälfte für die analytischen Tätigkeiten zuständig ist und die rechte für die bildlichen ganzheitlichen Erkennungs- und Erfassungsaufgaben. Der Hypothalamus ist der Teil im Gehirn, der für die Koordination der beiden Gehirnhälften vorgesehen ist.

Der Glaube, sagt man, kann Berge versetzen. Aber diese Berge sind nicht aus Fels und Gestein, sondern es sind die Mauern und Barrieren, die wir in unserem eigenen Unterbewusstsein zu unserem Schutz errichtet haben. Wir stellen uns vor, dass wir dies und jenes nicht können, um uns nicht zu übernehmen, uns nicht vor den anderen zu blamieren, uns nicht ständig beweisen zu müssen.

Als Folge davon bringen diese gedanklichen Hürden uns schließlich dazu, uns überhaupt nicht mehr anzustrengen. Der Preis für den vermeintlichen Schutz vor Niederlagen ist der, dass wir gar nicht mehr etwas versuchen, keine großen Ziele mehr haben.

Alles ist scheinbar so schön ruhig, alles bleibt beim Alten und vor allem überschaubar. Das sind die gedanklichen Umzäunungen, die wir uns geschaffen haben.

Mit der Kraft des Glaubens können wir diese Barrieren beiseiteschieben, unsere Grenzen neu setzen und Herausforderungen wieder als zu bewältigende Aufgaben sehen.

Die Kraft des Glaubens richtig einsetzen

Die Aufgabe des Glaubens ist es, diese innere Kraft auf die Bereiche zu lenken, bei denen das Positive im Vordergrund steht. Dieses Energiepotenzial ist dann richtig eingesetzt, wenn es dazu dient, die Gesundheit zu erhalten, die richtige Nahrung zu sich zu nehmen und die Fähigkeiten zu erwerben, die es erlauben, im Beruf, im privaten und im sozialen Leben einen konstruktiven Beitrag zu leisten.

Mit der Kraft des Glaubens die Gesundheit stärken

Wenn Sie den Bereich gefunden haben, in dem Sie die Kraft des Glaubens verstärkt einsetzen wollen, so können Sie wie folgt vorgehen. Hier nehmen wir als Beispiel an, Sie hätten sich dafür entschieden, die Kraft des Glaubens für die Förderung Ihrer Gesundheit einzusetzen.

Entspannen Sie den ganzen Körper, jede Zelle Ihres Körpers, und stellen Sie sich vor, wie die Kraft des Glaubens sich auf alle Bereiche ausdehnt, auf Ihre Organe, die Lunge, das Herz, die Nieren, die Leber, das Verdauungssystem, die Augen, die Ohren, die Nase, das Gebiss und alle Gelenke. Nehmen Sie sich für jeden Bereich drei Atemzüge Zeit, um sich darauf zu konzentrieren, wie Sie dort ein-und ausatmen. Wenn zum Beispiel die Bronchien besonders belastet sind, dann konzentrieren Sie sich auf diesen Bereich und stellen sich vor, wie Sie dort Licht und Liebe einatmen und alle belastenden Energien ausatmen. Für belastete Bereiche sollten Sie sich täglich fünf bis zehn Minuten zusätzlich Zeit nehmen, um eine Verbesserung zu erreichen.

Wie viel Erholung braucht der Körper, welche Nahrung tut ihm gut? Wie bringen wir unseren Körper zu mehr Fitness? Anspannung und Erholung brauchen einen gewissen Rhythmus. Was tritt dafür in den Hintergrund? Lassen Sie Ihre Gedanken durch diese Vorstellungswelt schweifen, und merken Sie sich alle Ideen, die Ihnen einfallen, um sie dann in die Tat umsetzen zu können.

Die unerschütterliche Kraft des Glaubens tritt in Aktion, wenn man ein ganz klares Ziel vor Augen hat, das man unbedingt erreichen will und das sinnvoll erscheint. Sind diese Voraussetzungen gegeben, dann bietet der Glaube die Kraft, die benötigt wird, um den eigenen Mikrokosmos zu gestalten. Der Glaube schafft neue gedankliche Gegebenheiten, die gestaltend und realitätsverändernd wirken. Der Glaube ist der »Stein der Weisen«, mit dessen Hilfe alchimistische Veränderungen herbeigeführt werden können. Der Glaube, der aus dem Herzen kommt, schafft Realität. Die Gesundheit folgt den Schwingungen Ihres Energiekörpers.

Wer die Kraft des Glaubens richtig einsetzt, dem öffnet diese Energie die Tore zu Gesundheit und neuen Herausforderungen. An die eigene Gesundheit zu glauben bedeutet, dass Sie Ihre Energie dafür einsetzen, um das zu erreichen.

13
Das Erfolgsgesetz der Liebe

Die Energie der Liebe spendet nicht nur die Wärme, ohne die eine zwischenmenschliche Beziehung nicht richtig ins Fließen kommt, sie ist auch das I-Tüpfelchen auf all unseren Handlungen. Alles, was mit dem notwendigen Quäntchen Liebe angegangen und fertiggestellt wird, besitzt eine Qualität, die man spürt und auf die es ankommt.

Liebe ist die göttliche Qualität in uns, die es uns ermöglicht, uns mit unserem göttlichen Ursprung zu verbinden. Wenn wir uns mit der Energie der Liebe verbinden, können wir die Einheit mit uns und der Natur und mit Gott spüren. Die Liebe kann alle Bereiche unseres Lebens durchdringen, wir können unseren Partner lieben, unsere Kinder, unseren Beruf, unser Hobby und alles, was wir tun. Wenn wir all unser Tun, all unser Handeln und all unser Streben mit dieser Energie der Liebe in ihrer reinsten Form zum Ausdruck bringen, dann befinden wir uns auf dem Weg zur allumfassenden Liebe.

Die wahre Liebe hat mit der selbstsüchtigen Besitzgier nichts zu tun. Wer sich bei all seinen Gedanken, Worten und Taten von der Selbstsucht leiten lässt, dem bleiben die Tore der Liebe verschlossen. So wird er sich vielleicht nach Liebe sehnen, aber spüren und leben wird er sie nicht.

Empathie ist die Fähigkeit, sich in andere einzufühlen, sich in sie hineinzuversetzen, zu spüren, was sie bewegt und was ihnen am Herzen liegt. Das Lesen von Wünschen ist für die Pflege der zwischenmenschlichen Beziehungen ein

wesentlicher Bestandteil. Wer nicht erkennt, was den anderen bedrückt, was ihm Freude macht, was für ihn wichtig ist, der tut sich schwer, den richtigen Ton zu finden, das richtige Problem anzusprechen, Gemeinsamkeiten zu erkennen. Empathie ist eine rezeptive Fähigkeit, ohne die es sehr schwierig ist, Sympathie zu empfinden und Nächstenliebe zu leben.

Etwas Ähnliches trifft auch auf Gruppen zu. Gruppen zu organisieren und in einer Gruppe zu agieren setzt Sensibilität voraus. Diese Fähigkeit ist so eine Art Antenne, die uns spüren lässt, was man in einer Gruppe machen kann und welche Anliegen diese Gruppe umsetzen will. Beim Organisieren eines Siedlungsfestes, einer Weihnachtsfeier, einer größeren Geburtstagsparty, immer ist es wichtig, eine gemeinsame Energie zu finden, die die Basis für ein erfolgreiches Beisammensein schafft. Dazu gehört die Fähigkeit, im emotionalen Bereich zu führen.

Empathie vereinfacht das Herstellen von Beziehungen und erleichtert es, sich mit anderen zu verständigen, zu fühlen, was sie bedrückt und um was sie sich sorgen. Diese Begabung ermöglicht es, gute Freunde, auf die man sich verlassen kann, zu gewinnen.

Im Beruf eignen sich einfühlsame Menschen als Organisatoren, als Verkäufer und für alle Berufe, in denen kommunikative Fähigkeiten erforderlich sind. Lehrer, Kindergärtnerinnen, Therapeuten, Schriftsteller, sie alle müssen sich um die Fähigkeit der Empathie bemühen, sie üben und vertiefen.

Das Gesetz der Liebe auf der emotionalen Ebene

Die Fähigkeit, emotional zu führen, bedeutet, andere auf eine gemeinsame emotionale Basis einzustimmen und zu motivieren. Wenn ein Nachrichtensprecher die unterschiedlichsten Themenbereiche ankündigt, achtet er darauf, für die Zuhörer möglichst einen emotionalen Faden zwischen verschiedenen Themenbereichen herzustellen.

Auf dem Spielplatz ist jenes Kind fähig zu führen, das die Initiative ergreift und entscheidet, was gemeinsam gespielt werden soll. Auch dabei geht es darum, dass so etwas wie eine Gruppenenergie entsteht, zu der alle etwas beitragen und die jedem Kind einen Spielraum bietet, sich einzubringen. Dabei ist es wichtig zu erkennen, was verbindet und was trennt. Das Gemeinsame wird in den Vordergrund gerückt, es steht im Mittelpunkt und motiviert.

Um emotional führen zu können, sind Sensibilität und das Gespür dafür notwendig, wie motiviert wird und wie Ziele zu formulieren sind. Führen und Entscheiden setzen aber bereits ein gewisses Maß an Selbstvertrauen voraus, und das gedeiht nur, wenn man sich selbst annimmt, sich liebt, sich etwas zutraut und das Gefühl hat, etwas umsetzen und bewegen zu können.

Das Gesetz der Liebe auf emotionaler Ebene spielt auch in der Arbeitswelt eine große Rolle. Wenn man sich mit den größten Pleiten von Unternehmen auseinandersetzt, so entdeckt man oftmals, dass es in diesen Unternehmen Menschen gab, die eine Aura der Unfehlbarkeit um sich aufbauten: Arrogant sahen

sie auf andere herab, duldeten keine Kritik, interpretierten jeden auch noch so wohlmeinenden Ratschlag als Angriff und reagierten mit entsprechenden Kampfmaßnahmen. Dschungelkämpfer und Rambos existieren überall, und die betriebs- und volkswirtschaftlichen Schäden, die sie anrichten, sind enorm.

Aggressionen, der Aufbau von Feindbildern und der emotionale Rückzug aus der Wirklichkeit haben nicht nur Firmen, sondern ganze Nationen ins Unglück gestürzt. Vielfach werden die negativen Auswirkungen einer schlechten Moral von eingeschüchterten Mitarbeitern und arroganten, selbstherrlichen Chefs nicht direkt sichtbar. Doch es gibt viele Faktoren, an denen man die Kosten dieser sozialen Inkompetenz ablesen kann: sinkende Produktivität, Qualitätsmängel, versäumte Termine, Fehler und Pannen, ständiger Wechsel der Angestellten, Häufung der Krankmeldungen durch das krank machende Arbeitsklima. Der Mangel an emotionaler Intelligenz ist ein Kostenfaktor, der Firmen ins Abseits manövrieren und in den Ruin stürzen kann.

Dass soziale Intelligenz und emotionale Kompetenz sehr wichtige Produktionsfaktoren sind, beginnt, sich herumzusprechen. Aber konkrete Kostenuntersuchungen existieren dazu noch kaum. Vielfach herrscht die Meinung vor, man stelle die Intelligenz dem Betrieb für die Arbeitszeit zur Verfügung und alles andere habe mit dem Arbeitsplatz nichts zu tun. Emotionale Distanz sei unbedingt notwendig, um unangenehme Entscheidungen durchziehen zu können.

Aber viele Firmen und Bereiche von Verwaltungen haben auch schon einen emotionalen Klimawechsel her-

beigeführt, und der Erfolg gibt ihnen recht. Emotionale und mentale Offenheit und Transparenz führen zu ganz neuen Qualitäten der Teamarbeit. Für den Erfolg der meisten komplexen Arbeitsabläufe ist Teamarbeit von ausschlaggebender Bedeutung. Mitarbeiter und Führungskräfte, die ihre Wut und ihren Zorn auf Kollegen nicht kontrollieren können und kein Gespür für die Gefühle anderer haben, erzeugen einen emotionalen Klimaeinbruch in den zwischenmenschlichen Beziehungen. Bei emotionaler Erregung sind die Mitarbeiter immer weniger aufmerksam, treffen keine klaren Entscheidungen, sind ständig emotional abgelenkt. Andauernder emotionaler Stress belastet die Gesundheit und Gedächtnisleistung, was schließlich dazu führt, dass die Betroffenen sich in die Teilnahmslosigkeit zurückziehen oder emotional ausrasten, eine der häufigsten Ursachen für Verkehrsunfälle.

Eine der wichtigsten Fähigkeiten ist daher, mit Herz zu führen, wissend, dass man für das emotionale Arbeitsklima selbst verantwortlich ist, dass jeder etwas dazu beisteuert. Niemand reagiert sich auf Kosten der anderen ab, niemand benützt den anderen als emotionalen Schuttablagerungsplatz. »Lieben und Arbeiten«, hat Freud einmal zu seinem Schüler Erik Erikson gesagt, »sind die Fähigkeiten, die vollständige Reife ausdrücken«. So gesehen, wären die steigenden Scheidungszahlen ein Alarmsignal für eine abnehmende Reife. Dem ist aber nicht so, da in vielen Ehen früher die ökonomische Abhängigkeit der Frauen ausschlaggebend für das Zusammenbleiben der Ehepartner war. Dieser Zwang hat sich weitestgehend aufgelöst. Jetzt spielen oft unterschiedlich

rasche persönliche Entwicklungen eine bedeutsamere Rolle, wenn Paare sich trennen.

Wie sich emotionale Bruchlinien in einer Beziehung manifestieren, haben Untersuchungen zutage gefördert. Vielfach herrschte der Eindruck, alles sei gut, bis plötzlich die Dinge nur mehr negativ interpretiert werden. Diese Bruchlinien äußern sich aber bei genauer Beobachtung schon sehr früh. Sie können sogar biologisch gemessen werden. Wenn sich das energetische Umfeld ändert, kommt es auch zu biologisch messbaren Veränderungen.

Es gibt zwei Ebenen, auf denen Gefühle aktiviert werden können. Meistens werden sie durch Gedanken und Vorstellungen sowie Assoziationen ausgelöst. Aber sie können auch direkt auf einer unbewussten Ebene aktiviert werden. Das sind die besonders schnellen Emotionen, die den Umweg über die mentale Ebene vermeiden. In bedrohlichen Situationen oder wenn rasche Hilfe erforderlich ist, sind diese schnellen Emotionen genau das Richtige.

Mit den Emotionen gehen Frauen und Männer deutlich unterschiedlich um. Die Erziehung im Kindesalter spielt hier eine entscheidende Rolle: Mädchen erlernen das emotionale Teamwork, während Jungen zu emotionalem Einzelkämpfertum erzogen werden. Mit Mädchen wird viel mehr über emotionale Probleme und Empfindungen gesprochen. Bei Jungen erwartet man dagegen eine gewisse Härte zu sich selbst und dass Gefühle nicht so offen gezeigt werden. Diese antrainierten Schemata zeigen sich schon am Spielplatz: Wenn Mädchen spielen und sich eines verletzt, kann es mit der Fürsorge der anderen rechnen. Sie unterbrechen ihr Spiel

und kümmern sich um sie. Bei den Jungen dagegen ist das anders. Wer sich verletzt, verlässt das Spielfeld, damit die anderen ungehindert weiterspielen können. Bei den Mädchen herrscht emotionales Gruppenmanagement vor, während bei den Buben das emotionale Selbstmanagement im Vordergrund steht.

Beides hat Vor- und Nachteile. Emotionales Teammanagement ist unbedingt notwendig, um ein reibungsloses Arbeiten in Gruppen zu gewährleisten. Gruppen machen zwar weniger Fehler, wenn sie Entscheidungen treffen, aber die Entscheidungsfindung dauert dafür länger.

Wenn dann noch die Gruppenenergie lähmend und einseitig wird, gibt es keine klaren Beschlüsse und keine eindeutige Verantwortung. Es besteht die Gefahr, dass sich die Gruppe zu wichtig nimmt und dass das, was sich zwischen den Mitgliedern abspielt, zu stark bewertet wird, wodurch das Team schließlich den Kontakt zu anderen Menschen und Gruppen verliert.

Ein Einzelkämpfer dagegen kann sehr viel bewegen und selbst die Energie einer großen Gruppe, ja einer ganzen Nation bestimmend beeinflussen, wie das bei Mahatma Gandhi der Fall war.

Es kommt vor allem darauf an, welche Energien bewegt und von welchen Motiven sie gelenkt werden. Viele unbewusste emotionale Verhaltensmuster wurden aber bereits in der frühen Kindheit erlernt. Sich dessen bewusst zu werden kann bei Problemen in der Partnerschaft und Ehe von großer Bedeutung sein. Schließlich gibt es ja immer zwei emotionale Realitäten zwischen den Konfliktparteien.

Das Gesetz der Liebe auf der mentalen Ebene

Die Fähigkeit zur sozialen Analyse spielt auf der mentalen Ebene eine wichtige Rolle für das Verständnis anderer Menschen und ihrer Beziehungen und Motive. Wer soziale Kompetenz entwickelt hat, kann ohne Schwierigkeiten Verbindungen auf der emotionalen, mentalen und spirituellen Ebene zu anderen herstellen. Er kann erkennen, wie die anderen reagieren, und scharfsinnig erfassen, wie sie sich fühlen.

Wer die Fähigkeit, zu organisieren, zu führen und mit Konflikten umzugehen, besitzt, ist sehr gefragt. Nicht die Gedanken sind entscheidend, wenn es darum geht, Konflikte zu lösen, sondern die Stimmung, die die Betroffenen damit verbinden.

Diese Erkenntnis ist ausschlaggebend, denn wenn man einen Konflikt austragen muss, kommt es sehr auf die Atmosphäre an, in der sich alles abspielt. Es kommt mehr darauf an, wie etwas gesagt wird, als was gesagt wird. In einer Diskussion ist es notwendig, dem anderen den notwendigen Respekt entgegenzubringen und ihn zu achten. Die Grundschwingung der Liebe ermöglicht es, Lösungen zu finden, statt aggressiv auf den vermeintlichen Gegner loszugehen.

Das Gesetz der Liebe auf der spirituellen Ebene

Die Liebe im spirituellen Bereich richtet sich auf etwas Ideelles. Gemeint sind die Liebe und die Achtung von Werten immaterieller Art und von Ideen. Die Ausgangsbasis für diese spirituelle Liebe ist die Nächstenliebe.

Wer im Geiste und mit der Energie dieser Liebe lebt, strahlt das auch auf seine Umwelt aus. Plötzlich kann man sich von seinen kleinlichen Gefühlen und von seinem Missmut lösen. Solche Menschen finden immer ein Thema, das uns alle negativen Gefühle vergessen lässt. Sie sind wie ein Energiekraftwerk, das seine Energie an die nächste Umgebung abgibt, und alle, die an dieser Energie teilhaben, fühlen sich wohl, geborgen und anerkannt. Solche Menschen werden durch ihre Einstellung und ihre Ausstrahlung zu einem Segen für sich und ihre Mitmenschen.

Übungen zum Gesetz der Liebe

Gezielt eingesetzt, kann die Kraft der Liebe in allen Bereichen des privaten Miteinanders und überall, wo diese Kraft ein wesentlicher Schaffensbestandteil ist, zu besonderen Erfolgen verhelfen. Ohne entsprechende Liebe zu einem Menschen, einem Hobby, einer Idee fehlt die gestaltende und motivierende Kraft, die man für einen Neubeginn oder die engagierte Auseinandersetzung mit einem neuen Projekt

braucht. Diese verbindende, aussöhnende, verzeihende und tolerierende Kraft der Liebe ist eine Energiequelle, die in einem bestimmten Ausmaß und einer bestimmten Qualität in viele Bereiche einfließt, dort Dynamik hineinbringt, ohne dass man primär daran denken würde, dass sie dort so dringend benötigt wird.

Überall da, wo divergierende Energien synchronisiert werden, ist die Kraft der Liebe ein Bestandteil, der wirksam wird, ohne groß in Erscheinung zu treten. Bewusst wahrgenommen wird die Energie der Liebe meistens nur in den Situationen, in denen in Hollywood-Manier alle Klischees der romantischen Liebe präsentiert werden. Aber die Kraft der Liebe ist nicht an eine Abfolge von »richtig« aneinandergereihten Klischees gebunden, sondern vielmehr eine eigenständige Energie, die in der Regel viel subtiler wirkt als angenommen.

Das Gesetz der Liebe bewusst anwenden

Nicht ein kurzfristig aufflammendes emotionales Feuerwerk ist ein Ausdruck von Liebe, sondern ein dauerhaftes und von gegenseitiger Toleranz und Achtung getragenes Miteinander. Wer sich mit dieser Qualität der Liebe ganz bewusst verbindet, kann deren heilende Energie in alle Lebensbereiche einfließen lassen.

Entspannen Sie sich völlig und stellen Sie sich vor, wie Sie sich öffnen und die Energie der Liebe in all Ihre Betätigungsfelder eindringt, wie diese Energie zuerst in Ihrem Körper spürbar wird und sich von dort überall dahin ausbreitet, wohin

Sie Ihre Gedanken lenken. Das können Ihre Beziehungen sein, ein Hobby, eine wichtige berufliche Tätigkeit und alle Ideen und Ideale, die Sie in Ihrem Leben für wichtig halten.

Wenn Sie sich ein Ziel gesetzt haben, können Sie dieses mit der Kraft der Liebe durchtränken und ihm dadurch einen besonderen Stellenwert geben. Denn damit transformieren Sie die Energie der Besitzgier oder der Prestigesucht auf eine höhere Ebene.

Mit der Kraft der Liebe können auch noch vorhandene Selbstzweifel, die auf ein zu geringes Selbstwertgefühl zurückzuführen sind, transformiert und korrigiert werden.

Wenn Selbstwertzweifel öfter auftreten, kann die Kraft der Liebe eingesetzt werden, um diese Zweifel zu beseitigen: Mit etwas Übung können Sie spüren, in welchen Bereichen Ihres Körpers sich diese Energien befinden. Entspannen Sie sich und stellen Sie sich vor, wie die Kraft der Liebe genau in die Bereiche einfließt, die diese Selbstwertzweifel verursachen.

So wie Sie beim Anschauen eines Filmes mit den verschiedensten Emotionen konfrontiert werden und diese auch spüren, so können Sie mit Ihrer Vorstellungskraft das Gleiche bewirken, nur dass Sie in diesem Fall bestimmen, welche Energien Sie ansprechen und verändern wollen.

Mit der transformierenden Kraft der Liebe können Sie emotionale Wunden heilen, indem Sie diese Energiequalität in der Meditation ganz gezielt und über den Zeitraum einer Woche regelmäßig dort einströmen lassen.

Affirmationen: Der Liebe mehr Raum geben

»Die Liebe ist eine Energie, die mir immer und überall zugänglich ist und die mein Wohlbefinden fördert.«

»Ich leite die Kraft der Liebe jederzeit in meine Nerven und alle Zellen meines Körpers.«

»Ich lenke die Energie der Liebe gezielt für mein Heil- und Ganzsein in die Organe meines Körpers, die zurzeit besonders beansprucht werden.«

»Wenn mir ein Wunsch ganz besonders am Herzen liegt, dann hülle ich ihn mit der Energie der Liebe ein und sende ihn aus.«

»Ich liebe das Leben, und das Leben liebt mich.«

14
Das Erfolgsgesetz des Segnens

Mit dem Akt des Segnens schöpfen wir aus dem Reservoir der Liebesenergie, verbinden uns mit dieser und senden sie zum Ziel unseres Segens.

Beim Segnen kommt es vor allem darauf an, dass der angesprochene Wunsch wirklich von Herzen kommt und sich die Absicht tatsächlich nur auf die Wirkung des Segens richtet. Die Macht des Segens beginnt ihre Wirkung sofort zu entfalten. Die Energie des Segens verträgt sich allerdings nicht mit der Energie, die darauf gerichtet ist, persönliche Vorteile zu erringen, denn sie beruht auf der Energie der bedingungslosen Liebe, ohne die der Segen kaum eine Wirkung entfalten kann.

Segnen heißt, ausschließlich das Gute, die göttliche Ordnung wiederherstellen zu wollen. Wer jedes Mal seinen Lottoschein segnet und sehnsüchtig auf den Millionengewinn wartet, der sollte nicht voreilig zu dem Schluss kommen, dass das Segnen bei ihm nicht funktioniert, sondern überprüfen, ob seine Absicht des Segnens mit der Energie der bedingungslosen Liebe harmoniert.

Die Form des Segnens ist an keine rituellen Vorschriften gebunden. Segnen kann man immer und überall. Entscheidend ist nur, dass die Qualität der Energie des Segens stimmt.

Das Segnen auf der emotionalen Ebene

Je genauer wir die Qualität unseres Segens festlegen, umso gezielter kann sich die Wirkung ausbreiten. Für jede Beziehung zwischen Menschen, einer Person und einer Organisation, einer Firma, einer Stadt, einem Land, einem Staat oder der ganzen Welt gilt, dass sie segensreich sein kann. Damit sich Wünsche verwirklichen, können wir die Kraft des Segens für uns und unsere Umgebung einsetzen, zu unserem Wohl und dem unserer Mitmenschen.

Das Segnen auf der mentalen Ebene

Obwohl die Kraft des Segnens überwiegend aus dem emotionalen und spirituellen Bereich stammt, lässt sie sich auch im mentalen Bereich mit Erfolg einsetzen. Wir können unsere mentale Schaffenskraft, unsere Kreativität und unsere Inspiration segnen.

Wie wichtig es ist, die mentale Kraft gezielt und richtig strukturiert einzusetzen, zeigt sich ganz deutlich bei Spitzensportlern, wenn es darum geht, in einem Wettbewerb Leistungsgrenzen zu erkunden und auszuweiten. Aber die mentale Kraft ist auch bei allen unseren Tätigkeiten in der Wirtschaft und in der Freizeit für unser Wohlbefinden von ausschlaggebender Bedeutung. Beruf und Kindererziehung zu koordinieren, unsere Partner und Mitmenschen zu unterstützen, die unterschiedlichsten Tätigkeiten zu organisieren, zu

strukturieren und seine Kraft auf ein Ziel zu richten, all das erfordert mentale Fähigkeiten und mentale Stärke.

Die Kraft des Segens bringt die Qualität ins Spiel, die gerade im mentalen Bereich so dringend notwendig ist. Denn die mentale Kraft ist eher kühl, distanziert, ganz den Sachzwängen ergeben. Das Segnen bringt hier wahren Segen, denn erst die spirituelle Ausrichtung und die emotionale Untermalung sorgen für die gewünschte Qualität.

Das Segnen auf der spirituellen Ebene

Der Segen auf der spirituellen Ebene ist eigentlich das, was am geläufigsten erscheint. Das Segnen ist vor allem etwas, was man Würdenträgern in den Kirchen zubilligt. Das scheint vorauszusetzen, dass der, der segnet, bereits viele Stufen der »spirituellen« Karriereleiter erklommen hat. Aber dem ist nicht so. Jeder, der sich der Energie des Segnens bedient, kann sie einsetzen. Der Zugriff der Menschen auf diese Energie ist frei verfügbar. jeder, der sich auf ihre Qualität einstellt, kann diese Kraft nützen, zum eigenen und zum Wohl der Mitmenschen.

Die spirituelle Kraft des Segens lässt sich nicht zielgerichtet für eigennützige Zwecke einspannen. Sie ist unendlich wirkungsvoll, wenn sie richtig eingesetzt wird, und löst sich in nichts auf, wenn man sie zweckentfremdet anwendet. Die spirituelle Qualität des Segens dient nur den Menschen, die sich ihr aus reinem Herzen nähern und sie entsprechend einsetzen. Die Beziehungen zu unseren engsten Vertrauten,

zu Kindern und zu den Mitmenschen, mit denen wir arbeiten und kommunizieren: Sie alle eignen sich dafür, spirituellen Segen zu erhalten. Mit dem Segnen aktivieren wir in uns Kräfte wie Mitgefühl und Einfühlungsvermögen. Wir richten dadurch auch unser eigenes Handeln und Fühlen neu aus, öffnen unsere energetischen Tore und setzen Energien frei.

Übungen zum Gesetz des Segnens

Der Segen ist besonders wirksam, wenn er vom Gefühl des Geborgenseins in der göttlichen Liebe getragen und begleitet wird. Die kreative Kraft des Segnens zeigt sich nicht nur in den Fällen spontaner Heilung, sondern ist auch dann wirksam, wenn es darum geht, eine energetisch wohltuende Umgebung zu schaffen. In der Regel gilt: Wie man sich fühlt, so denkt man. Doch es ist auch möglich, ganz bewusst gegenzusteuern. Jeder bewusste mentale Impuls hat seine eigene energetische Qualität: Gedanken der Hoffnung und der Liebe haben eine ganz andere Ausstrahlung als ichbezogene Gefühle der Habgier oder des Hasses.

Jedes Gefühl, jeder Gedanke, jede Vorstellung hat in sich die Kraft, zu einem Segen zu werden. Wer diese Kraft einem anderen spendet, segnet diesen.

Die Energie des Segens in sich selbst zur Entfaltung zu bringen, eine notwendige Voraussetzung, um Segen auf andere zu übertragen.

Affirmationen:
Die Kraft des Segens bewusst einsetzen

Wenn man aus einem Brett einen herausstehenden Nagel entfernt, so ist damit die Gefahr der Verletzung gebannt. Wer negative, zerstörerische Gedanken aus seinem Bewusstsein entfernt, schafft damit die Voraussetzung, sich nicht selbst zu schaden. Wenn wir unser Denken und Fühlen darauf richten, unser Wohlbefinden zu stärken und zu verbessern, schaffen wir Gegebenheiten, die segensreich wirken.

Die energetische Atmosphäre, die ein Mensch ausstrahlt, teilt sich auch dem Raum mit, in dem er lebt, der Kleidung, die er trägt, den Gegenständen, mit denen er in Berührung kommt. Demgegenüber kann eine wesensfremde mentale Atmosphäre störend wirken.

Von solchen Störungen kann man sich durch das Schaffen einer eigenen wesenskonformen mentalen und emotionalen Atmosphäre befreien. Durch gezieltes In-die-Stille-Gehen und Meditation, in der das eigene energetische Wesenskraftfeld gestärkt und intensiviert wird, kann eine segensreiche Atmosphäre erzeugt werden.

Ein segensreiches energetisches Umfeld schaffen

Eine energetisch schützende und heilende Haltung entsteht, wenn wir das Herz mit Dankbarkeit und Zufriedenheit füllen. Aus der spirituellen Heilungserfahrung ist bekannt, dass das Im-Voraus-Denken und Im-Voraus-Danken für ein ersehntes Ziel schon der halbe Weg zum Erfolg sind.

Der Dank, der den richtigen Gedanken vorauseilt, wird zum Segen für das Erreichen eines ersehnten Herzenswunsches. Es ist daher überaus sinnvoll und segensreich, jedem Gedanken eine energetische Unterstützung durch vorausgeschickten Dank mitzugeben.

Auf der energetischen Ebene gilt: Was ich denke, das bin oder werde ich. Was man aber dankend denkt, das wirkt segenspendend.

Nachwort

In diesem Buch wurde viel davon gesprochen, wie Sie unter Berücksichtigung der geistigen Erfolgsgesetze Ihre eigene Realität erschaffen bzw. optimieren können. Gesundheit, Wohlbefinden sowie die spirituelle Weiterentwicklung haben dabei einen zentralen Raum eingenommen. Es wurde gezeigt, dass schöpferische und spirituelle Energien immer und überall verfügbar sind und es nur darauf ankommt, in uns die Voraussetzungen zu schaffen, damit diese Energien in unserem Leben eine größere Rolle spielen können.

Wird der Fluss der kreativen und gestaltenden Energie unterbrochen, blockiert oder falsch gelenkt, dann ernten wir negative Erfahrungen, Krankheit, seelische Unrast und Unzufriedenheit. Jede negative Erfahrung ist eine Lebenslektion, die uns zeigt, dass es so nicht geht. Diese Lektionen sollen uns jedoch keineswegs entmutigen, sondern vielmehr Ansporn dafür sein, es künftig richtig zu machen. Schlimm sind nicht die Fehler, die wir machen, sondern nur die, aus denen wir nichts lernen.

Wir befinden uns immer in einem von zwei Zuständen: Entweder leben wir in Übereinstimmung mit unserem Wesenskern und erleben Freude und Wohlbefinden, oder wir sind in einem Lern- und Heilzyklus, der uns zu mehr Selbstwahrnehmung und Bewusstseinserweiterung führt. Wir entscheiden uns immer zwischen einem Bewusstseinsentfaltungsprozess und einer Lebenslektion. Wir und nur wir sind für uns und unsere Entscheidungen verantwortlich.

Vielleicht schwanken wir noch zwischen den wohltuenden Erfahrungen mit spirituellen Energien und ihrer Umsetzung auf der physischen Ebene, aber wir wissen nun mehr über den Weg und die Möglichkeiten, ihn so zu gestalten, dass wir ihn erfolgreich beschreiten können.

*Wer nicht an sich selbst arbeitet,
an dem wird gearbeitet.*

Kurt Tepperwein & Florentin Samòn

**Die Renaissance
der Frauenpower**
7 Schritte zur Liebesfähigkeit

ISBN: 978-3-7357-8600-5

Frau sein - Ganz sein
*Mentaltraining für eine
neue Weiblichkeit*

ISBN: 978-3-7322-9704-7

Kurt Tepperwein & Felix Aeschbacher

Leben im Überfluss
*Das praxisorientierte Wohlfühlbuch -
Die Zukunft selbst bestimmen*

ISBN: 978-3-7357-3761-8

Du bist wie Du bist!
Mut zum Anderssein

ISBN: 978-3-7322-9441-1

LEBEN IM JETZT -
STARTKLAR FÜR DAS MORGEN

ISBN: 978-3-7322-0566-0

OUT-BURN - Burn-out umkehren
Der Ausweg aus der Erschöpfungsfalle

ISBN: 978-3-7322-9156-4

Kurt Tepperwein & Felix Aeschbacher

Ab heute bin ich frei!
Befreiung aus dem Ego-Labyrinth
Das Zeitthema Nr.1: „Innere Kündigung"

ISBN: 978-3-7357-9253-2

NIE ODER JETZT!
Aufbruch zur wahren Identität
Der ultimative Lebensnavigator

ISBN: 978-3-7357-7925-0

Produkte zum Wohlfühlen
Ausbildungen zum Durchstarten
DVDs zur Innenbildung
CDs zum Entspannen

Ihr Ansprechpartner für alle Lebensbereiche!

„Unsere Herzens-Aufgabe ist die Bewusstseinsentfaltung."

E-Mail: go@iadw.com
❖ **www.iadw.com** ❖

- ❖ Tepperwein-Heimlehrgänge
- ❖ Tepperwein-Kompaktlehrgänge
- ❖ Tepperwein-Ausbildungen

- ❖ Bücher
- ❖ CDs und DVDs
- ❖ Geschenksartikel
- ❖ Gesundheitsboutique

Internationale Akademie der Wissenschaften Anstalt
Postfach 1628, FL-9490 Vaduz
Tel: +423 233 12 12 / Fax: +423 233 12 14